Bosquejo De Un Viaje Histórico E Instructivo De Un Español En Flandes...

Martín de los Heros

DECLARACION DEL AUTOR.

Puesto que sin la caida de la *Constitucion* es muy probable, que ni yo hubiese salido de España, ni corrido y habitado por tantos años los países á que se refiere este *bosquejo*; ningun reparo debo tener en declarar á sus lectores, que fui sinceramente constitucional, y que prefiriendo aquel sistema al feróz *absolutismo*, me decidí por él, y le seguí con lealtad hasta el fin.

Menos tampoco me negaré á confesar que, mirándole como el símbolo de nuestra *independencia nacional*, le sostuve contra las pretensiones de Angulema, por las mismas razones y principios que antes me opuse á las de Napoleon; y téngase ó no por vanidad, diré por último que tan habil como cualquiera para conocer las faltas de la *Constitucion*, pensé y pienso, que enconarse contra ellas, y pedir su reforma, cuando bajo ese pretesto se atentaba á nuestra *independencia*, fue en realidad quererse antes curar de la comezon pasajera de los sabaño-

: un violento y tal vez mortal ata-
:ra ó pulmonía.

:pendencia pues de nuestra nacion, independencia nominal sino de con toda libertad, es la base fun- de mi fé política. Esa es la divi- mi culto, como individuo de la sec- mion ó sociedad civil, que denomi- España; y en esa creencia estoy re- permanecer en tanto que no se me re, que ni el número, inteligencia :ter de los que la componemos, ni ntañas y mares de que nos rodeó la eza, ni la configuracion y recursos :stro suelo no bastan para sostenerla sotros mismos y gobernarnos sin tu- traña. Porque si tal se me demostra- ré el primero que aconseje á mis com- tas ó correligionarios políticos á renun- esde luego á una comunion ó naciona- que tan caro nos cuesta, y á que apro- ndonos cuanto antes de las ventajas, justamente celebradas del *espíritu de acion*, y de la reunion de capitales, mos el nuestro y nos confundamos con uiera de aquellas naciones que, por su s y conveniencia, intenten dirijirnos, bien dicho dominarnos.

ero si por el contrario, el examen de ra situacion geográfica, el conocimiento práctico de nuestros recursos físicos y morales, y los ejemplos antiguos y modernos nos probaren y justificaren, que podemos ser independientes y libres, y gobernarnos por nosotros mismos como cualquiera en su casa; persistiré constante en que así lo hagamos, y trabajaré con fervor por ello. Con la misma firmeza entonces que hasta aqui, declaro que no solo me opondré á los que, como Napoleon nos invadan diciendo, que *nuestra monarquía es vieja y su mision se dirije á renovarla* (1); sino á los que como Angulema alegáren, que habiéndonos rejuvenecido una constitucion, era menester envejecernos, y abajar los Pirinéos que con ella se habian levantado (2). Igual resistencia opondré al fin, puesto que el caso será el mismo, á cuantos desde afuera y con imperio pretendan, que olvidando la libertad é independencia heredada, ó mas bien la que con la justicia y las armas ganamos desde 1808 á 1814, nos sometamos á un régimen de su placer, y que tal vez no cuadre ni con nuestro carácter reflexivo y obstinado, ni con la tendencia que tuvieron siempre los

---

(1) Proclama á los españoles en 25 de mayo de 1808.
(2) Véanse los periódicos ministeriales franceses en 1823.

ıoles á no dejar nada en el aire.
ın todos casos, repito, la *independencia*
ınal será la regla y norma de mi con-
ia política ó sea mi decálogo como es-
l. Sin admitir, cual se debe, esa doctri-
ındada no en los antojos y caprichos de
inaciones estraviadas, sino en la esten-
y forma de nuestro suelo, y en la rea-
de nuestras fuerzas y recursos, no con-
ningun gobierno estable entre nosotros,
iste ni puede haber base para fundarle.
aleciendo como hasta aqui el ateismo po-
en los que nos gobernaren, ó bien cun-
lo la idea de que lo tocante á nuestro
ıa y ritos políticos, ya sea que derive
s córtes ó concilios cismontanos de los
s, ya de los antiguos fueros y costum-
castellanas y aragonesas, no se ha de
ɔinar y dirigir segun nuestra propia fé y
ıcia, sino segun la de los galicanos, an-
nos, cismáticos ó ultramontanos, vivi-
ɔs siempre abatidos, y siempre ansiosos
tigados, en suma como Sancho con Pe-
ecio.

)e un ejemplo de esta especie no ha mu-
ɿue fuimos testigos. Presumiendo ciertos
ıtos que los demas no veian, ni querian
as faltas ó imperfecciones de la fé polí-
ó constitucion, que la mayoría de los
ioles habia entonces adoptado, se obs-

tinaron, sin acertar con el tiempo, en modificarla á su manera. En su mal combinado empeño, olvidando enteramente el dogma de nuestra independencia; ni temieron para salir airosos, apoyarse en los que ya le habian renunciado anteriormente, ni confiarse sin escrúpulo á los disidentes estraños. Uniéronse contentísimos á los que mas impacientes estaban por estirpar toda raiz liberal entre ellos; y tan obcecados anduvieron y tan de su interés creyeron que se trataba, que no hubo medio de que comprendieran las advertencias solemnes de los principales ministros de la secta enemiga. Verguenza es decir que, si sordos anduvieron cuando uno de estos anunció á un diplomático estrangero, que la *guerra de España se comprendia y no se sabia esplicar*, todavia lo estuvieron mas, cuando para disipar toda duda, se dijo públicamente que se trataba de que la *Francia no tuviera dos fronteras*; lo que en realidad equivalia á que de tal modo debia dominarse y abatirse á nuestra honrada España, que *nada tuviera aquella que temer por el mediodia, si la atacaban por el norte* (1).

(1) Mr. de Chateaubriand, en la Cámara de los diputados de Francia. Sesion del 25 de febrero de 1823.

Si los resultados en los últimos once años
espondieron ó no á estas premisas, no me
á mi decirlo. Eso se queda ó á los que
eron el triste yugo que de ellas derivó,
os que se empeñaron en pedir á Angu-
ı que *satisfaciese las justas esperanzas*
ı nacion, aun despues de haber vocife-
el primer ministro de su tio, que *ja-*
habia pensado en la locura de introdu-
a carta francesa en España (1): que
encido en mis principios y harto aflijido
haber visto escarnecidas y arrinconadas
anderas y estandartes á cuya sombra ha-
ombatido por la libertad é independen-
le la patria; prófugos y perseguidos sus
ilustres campeones; saqueadas las pla-
y arsenales; ofendido el pundonor con
etractaciones ó purificaciones que se exi-
, y proclamado un absolutismo estóli-
y con él la misma infame inquisicion
ica ó policía, que antes se intentó arrai-
con el favor y cañones de Napoleon: fui
var mi libertad y carácter, allá en don-
yes y gobiernos mas justos me protegie-
respetasen.

Por dicha mia, despues de vistas otras

Mr. de Villele en la del 24 del mismo. Véase uno en el *Journal des Debats* etc.

gentes y naciones, pasé á visitar aquellos estados, que nuestros mayores solian decir de Flandes, y hoy comunmente llamamos Paises-bajos. La grata acogida que allí encontré, el estado próspero de su agricultura é industria, la libertad práctica de que se gozaba bajo un monarca liberal y justo, y las contínuas trazas y recuerdos de nuestra antigua dominacion, me decidieron á fijar en ellos. La industriosa y escelente ciudad de *Liege*, ó Lieja, fue por una casualidad todavia mas felíz, el puerto que escogi para mi retiro y descanso, en tanto que la desgraciada patria corría la cruel y espantosa borrasca, á que la habian condenado los olvidados de su independencia. Allí entre el estudio y observacion de cosas ya científicas ya industriales, fijo siempre el corazon y el deseo en la pobre España, tomé como por desahogo la lectura de lo sucedido en el tiempo de nuestra dominacion en aquellos países, y especialmente lo concerniente á la célebre revolucion que nos trajo las terribles guerras, de que no sin razon dijo uno de sus mejores soldados y escritores, que eran mas afrenta que emulacion de las de Roma y Cartago, Atenas y Lacedemonia (1).

---

(1) Prólogo á las *guerras de los Estados-bajos* etc. por don Carlos Coloma.

De esa lectura, en que mi espíritu nacional se interesó al fin como debia, resultó convencerme de que Felipe II con el absolutismo que se le atribuye, no habia sido de modo alguno la causa primitiva y esencial de la confederacion y alborotos de los que tomaron el título de *gueux* ó mendigos en el siglo XVI. Que aquel monarca por el contrario estuvo muy lejos de gobernar aquellos países con el despotismo de su padre Carlos V, á quien por ser flamenco y dar á los nobles flamencos una importancia que jamás tuvieron, se le disimularon las mayores ilegalidades: que los bárbaros edictos que éste publicó en materia de religion, y las doctrinas que él siguió y entonces regian á cerca de los crímenes de rebelion ó de lesa majestad, aun los moderaron el mismo Felipe II, y el duque de Alba su ministro; y que á falta de pretestos religiosos, que la esperiencia confirmó muy luego sér los mas especiosos, ó los menos populares y oportunos para el alzamiento, se habrian buscado otros cualesquiera para él. Porque la raiz y fundamento de todo estaba en que, lejos de haber comprendido con anticipacion asi los españoles como los flamencos, que era imposible que la política identificara y confundiera intereses, que la naturaleza habia separado con sus supremas é invencibles leyes, se habian por el contrario obstinado en oponerse á estas con opiniones del todo falsas, pero por desgracia comunes entonces á lo demas de Europa. De lo cual y pasando por alto otros ejemplos, baste apuntar en cuanto á nosotros, que en el primer tercio del siglo XVII, y cuando se veia palpablemente la sangre y tesoros, que nos costaba un siglo habia, la conservacion de los Estados-bajos, todavia los estimaban hombres no vulgares como *castillo de acero en medio de la plaza de Europa; puerta para las entradas en Francia y Alemania á favor de la casa de Austria, freno para las suyas en Italia y España, y escudo contra Inglaterra, Alemania y Francia* (1).

Sin embargo, como por equivocada que fuera esta opinion, y por cara y muy cara que hubiese costado á nuestra patria, es indudable que la dictó en su tiempo el mas puro amor á su honor é independencia; me pareció que ya que no se la podia revocar, y que sus consecuencias habian sido mil acciones gloriosas, acaso convendria recordarlas en nuestros desdichados tiempos. No á la verdad repitiendo historias de ellas, cual las es-

(1) Luis Cabrera en la *historia de Felipe II.* lib. 1. cap. 2. pág. 7.

cribieron muchos nacionales y estrangeros; sino entresacando y ofreciendo con alguna novedad á la generacion presente, aquello que mejor contribuyera á desarraigar en muchos la aversion, que muestran á nuestra historia moderna, y la tendencia en no pocos á negarnos toda gloria en otros dias, y hasta la posibilidad de haberla sabido adquirir. De lo que resulta, y es mengua decirlo, que no estudiándose nuestra historia, ó estudiándola por escritores estraños, y dándose mas crédito á los ultrajes de estos, que al candor con que los propios confiesan mas de una vez sus faltas, han hallado los estrangeros entre nosotros tales admiradores y panegiristas, que hasta la direccion y cuidado de nuestra libertad y negocios quisieran algunos entregarles desde luego.

Tan atrasados andamos en esto, que alguna vez me hallé en los mismos Países-bajos con españoles, que apenas tenian noticia de nuestra larga dominacion en ellos. Con admiracion me oyeron algunos contarles un acontecimiento memorable, ocurrido tal vez en el mismo lugar en que nos encontrábamos, y mas si les citaba algun nombre propio. Pero ¿cuántos de los que con frecuencia pasaron y pasan por *Amiens* y *Calais* para ir a Inglaterra, tienen la menor idea de la valentía y denuedo con que nuestros mayores tomaron y defendieron aquellas plazas? ¿cuantos de los que van á París, mas bien á resabiarse con la abyeccion y vicios propios de aquella capital, que á imitar á los muchos españoles que en lo antiguo estudiaron en su universidad ó se distinguieron en ella, saben que, en el tiempo de nuestra independencia, á veces dominaron, y á veces espantaron nuestras huestes á los parisienses? Y ¿cuántos en fin de los que allí pervierten su carácter y su gusto con la lectura de novelas y romances ó insípidos ó inmorales, se acuerdan de que nuestro Pero Niño, habiendo justado á principios del siglo XV en una plaza llamada la *Petita Bretaña*, y luego fuera de París en un sitio que llamaban la *costura de sancta Catalina*, vencidos ya cuantos justadores llegaron, y no compareciendo nadie, los *Reys darmas é Pursibantes, muy muchos trompetas é menestreres, tanto que los non podia ome contar, ayuntaronse todos al derredor de Pero Niño é gridaron tres veces: la Costura resta por el capitan de España, ¿Hay quien venga?* (1).

Por promover pues en cuanto pudiera la aficion á este y otros puntos mas importantes

---

(1) Crónica de don Pero Niño conde de Buelna etc. cap. 35.

de nuestra historia, y por parecerme que de eso habia de resultar mayor amor á nuestra descuidada nacionalidad, y mas justo aprecio del mal que nos causa su olvido, fué por lo que emprendí la obra cuyo bosquejo se sigue. A eso me indujo materialmente el haber vivido tantos años rodeado de un pais, en que apenas habia lugar ni campo, que no hubiese sido testigo de alguna ilustre hazaña de españoles, ó que no estuviera regado con su sangre. Tan familiares me habian llegado á ser con la lectura estos recuerdos, que casi no daba paso en que no me asaltáran de tropel: de modo que agregándose á eso el hallarse muy adelantadas en el mismo pais la agricultura, la industria y el comercio, caí de sus resultas en la tentacion de escribir un viaje que fuera *histórico* para los unos, *instructivo* para los otros, y ambas cosas para el mayor número de mis compatriotas. Mi objeto y plan en una palabra se dirigieron desde luego á formar un *itinerario* razonado, que al paso que sirviera de guia á los españoles, que desde Paris se encaminaran á Inglaterra, á una parte de la Alemania, ó bien á los Paises-bajos austriacos, ya les indicase en cada pueblo del tránsito el estado de su prosperidad ó decadencia, tal cual mi pobre capacidad le comprendiera y observára, ya les recordase los altos hechos de nuestros mayores en solo aquel rincon del mundo, y cuando el honor é independencia de su nacion eran la divisa comun de todos los españoles.

De ese proyecto y de mucha parte de su ejecucion es como un resumen el *bosquejo*, que acompaña. Aunque me lisonjeo de que las muchas y varias noticias que contiene, harán ver á sus lectores que tomé la obra con empeño, debo con todo confesar que son todavia mas las que dejo de anunciar, por incompletas las unas y por no aumentar la uniformidad ó monotonía de las otras. A estas últimas pertenecen las concernientes puramente á lo militar, y á aquellas las políticas y económicas; de las cuales, si bien llegué á juntar gran copia, y que ademas he visto casi todos los pueblos que se mencionan en mi relacion, me pareció al fin que faltándome algunos puntos que examinar, habiéndolo hecho de otros algo á la ligera, y siendo tal vez antiguas las apuntaciones que recogí en no pocos, era mejor *bosquejar* mi trabajo, que dejarle imperfecto ó no publicarle tan exacto y completo como se debe, cuando se trata de instruir al público.

La razon de eso estuvo en que, no permitiéndome mi situacion particular emprender de una vez el examen personal del país cuyo itinerario habia trazado, me ha sucedido que muchos de los puntos indicados en él, los tenia yo visitados con anterioridad á mi proyecto. Otros y en época posterior, como que me era muy facil volver á ellos cuando quisiera, no hice mas que atravesarlos de paso para aquellos, que por ser mas importantes llamaban con mayor razon mi cuidado y atencion; y de algunos pocos dejé el examen para otro tiempo, pareciéndome que siempre le tendria para ello. En lo que dependió pura y simplemente de mi voluntad, bien se verá por la multitud de libros y documentos que cito, que trabajé con ahinco en llenar mi objeto; y aunque lo principal de él vuelvo á repetir, que era inculcar la idea de lo que valian los españoles, cuando su patria, tal vez no bien, se gobernaba por sí misma, debo sin embargo confesar, que dado que en ese sentido pudiera pasar por de menor precio, no lo era, nó, en todo lo demas, lo que pensaba decir en cuanto al gobierno y adelantamientos de la Flandes ó Países-bajos. Aun eso mismo, como se verá en el *bosquejo*, lo habria alguna vez encadenado con lo que, en el mismo sentido, nos tocara de algun modo en lo antiguo ó lo moderno: de suerte que no contrayéndome aqui mas que á nuestro antiguo comercio, de que tan poco se sabe, me parece que al tratar del que hoy hacemos con *Amberes* ó *Brujas*, por ejemplo, no hubiera disgustado á los lectores hallar entre otras noticias, la de una obra que sobre aquel particular escribió á mitad del siglo XVI Jodoco Dam-Houder, consejero de hacienda de Carlos V y Felipe II en Bruselas (1).

Pero fueran cuales fuesen mi proyecto y designios, hubo ademas de la razon indicada, otra que posteriormente vino á impedir que los llevase al deseado fin y término. Constituido nuestro gobierno con fórmulas representativas, sin lo cual tal vez no hubiese vuelto á España, y restituidos á esta ó en camino para ella, muchos de mis antiguos amigos y correligionarios políticos, tuve tambien que prepararme á eso. Observando sin embargo, que por una parte mis opiniones en materia de libertad é independencia nacional tal vez no serian del todo idénticas á las de los que mandasen, y que por otra en el país de mi nacimiento y que yo esperaba lo fuese de mi retiro, habia estallado una atroz guerra y disidencia política, que por algun tiempo iba á dejarme en la inaccion;

(1) Su título es *Declamatio panégirica in laudem Hispanæ nationis, quæ in Flandria jam olim fixa sede, celeberrimam negotiationem exercet, etc.*

antes de abandonar el refugio de tantos años, quise averiguar si mis pasados servicios con la espada y con la pluma merecian alguna recompensa. Al encargar esto á los amigos, y al esponerlo á uno de nuestros empleados en el estrangero, les declaré solemnemente que en el caso de que se me concediera junto con el permiso de gozarla algunos meses por allá, mi objeto y formal empeño era de aplicar uno y otro á la conclusion del *viaje histórico é instructivo* que traia entremanos. Indicábales con este motivo su plan y mi intencion, y al último sobre todo, asi por interesar su conocido patriotismo, como porque pudiera informar al gobierno de que mi pretension no era una añagaza, le puse en mi misma carta un resumen algo estenso del *bosquejo* que va á leerse. Pero la estrella ó la suerte que en muchos casos de mi vida ha frustrado ó maltratado mis mas puras intenciones por la patria, dispuso tambien en este, que los unos no me respondieran, y que en ausencia del empleado ó ministro, á quien jamás atribuiré tal descuido, lo hiciera, pero tarde y de palabra, su principal dependiente diciendo, que su mision diplomática no se estendia á examinar los asuntos de esta especie. Por lo cual dando orden á un amigo de recoger mi desventurada carta, y sin escribir una memoria como se le indicó al mismo tiempo; visitada á la ligera y por mi propia instruccion una célebre universidad de Alemania, volví á la nunca olvidada patria al cabo de diez años de ausencia.

Ahora pues que sale á luz en ella el *bosquejo* de mi proyectado *viaje*, habrán de ser sus lectores los que declaren si mereció tal desden. A mis buenos compatriotas, es decir á aquellos honrados españoles, que conservaron y conservan pura y viva la fé de nuestra independencia y libertad, les toca decidir, si en circunstancias en que nos vemos agoviados con resabios ó tendencia estra-nacional, conviene recordar lo que nuestros mayores hacian, cuando todo veian que refluia en honra y gloria de su patria. Si mi plan mereciere su aprobacion, y si mi ejemplo creyesen que debe ser imitado, quizás aparezcan muy luego otros, que con ese estímulo y mayor ingenio y fortuna, nos renueven del mismo modo las proezas de los antiguos españoles á orillas del *Pó*, *del Tiber* y *del Garellano*, ó á las del *Rhin*, el *Elba* y *Danubio*, completando ademas lo que yo olvide de las del *Sena*, *el Escalda* y el *Mosa*. En todos esos parajes hay insignes monumentos dedicados á las artes ó industriales ó agradables; y su descripcion sin duda podrá instruir ó deleitar otro tanto, como haga respetable y veneranda la memoria de ínclitos compatriotas, de quienes apenas se pronuncia hoy el nombre.

Por lo que á mí hace, y en cuanto me anime la vida, no cesaré de promover por todos los medios á mi alcance, aquel amor á la gloria nacional, que tanto campeaba en los españoles del siglo XVI, ó sea desde que con la reunion de Castilla y Aragon se constituyó nuestra España. A eso aplicaré mis desvelos y tareas, imitando en lo que pudiere á los escritores, á que me refiero en el *bosquejo*; los cuales al contar algun hecho memorable, indican con buen cuidado de donde era natural el español que le acometió. Esa indicacion, que hoy tal vez pareciera frivolidad ó provincialismo, manifiesta muy á las claras que habia entonces una generosa concurrencia, ó mas bien una rivalidad de honor y patriotismo en la que se interesaban por su orden las familias, los pueblos y las provincias, y por consecuencia nadie en la nacion era indiferente á ellas. Y de eso resultaba que en tanto, que en nuestros dias, y despues de las memorables y magnánimas ocurrencias de 1808 á 1814, apenas contamos ni historiador ni poeta, que en todo ó en parte tratára de transmitirlas á la posteridad; entonces por el contrario abundaban, pudiendo yo citar de solo comedias dirigidas á popularizar nuestros triunfos en Flandes ó sea en el territorio comprendido en este *bosquejo*, la del *sitio de Mons por el duque de Alba* (de Remon); la del *sitio y toma de Namur* (de Lamini); la del *sitio y toma de Douai* (de Flores); la del *sitio y toma de Maestricht* (de......); la de *por su Rey y por su dama ó sitio y máscaras de Amiens* (de Candamo) y la del *sitio de Breda* de Calderon etc.

Yo no sé si los españoles, á cuyas manos llegare mi escrito, pensarán en este particular como yo. Aun debo ignorar mucho mas, si mi trabajo y deseos hallarán grata acogida en ellos; pero sea de eso lo que fuere, debo ingenuamente confesar, que en lo tocante á mi trabajo material, ya estoy con anticipacion ámpliamente recompensado de él. Imposible me seria esplicar el consuelo ó mas bien melancólico placer, que en *Bruges*, *Gand*, *Bruselas Amberes*, *Lovayna etc.* á cuatrocientas leguas de la pobre patria, esperimenté, ya examinando los escritos de nuestros antiguos sabios, ya admirando el arrojo y pericia militar de nuestros soldados, ó bien celebrando y aplaudiendo en los mismos lugares en que pasaron, los torneos, las justas, las cañas, la galantería y pulidéz en fin de nuestros antiguos caballeros. Mas ¿cómo olvidaré yo jamas la agradable y tumultuaria sensacion que todos mis músculos probaron, bajando rápidamente en un barco

r el magestuoso *Escalda*, y re-
con un mapa en la mano y á
e, los lugares, en que á una y otra
ego á su embocadura, y en los
e dirigen hacia la *Zelanda*, aco-
s españoles las empresas indica-
bosquejo? ¡Felíz pues mil veces
cer, ó á los humildes servicios
modo hice á la patria, consigo
le haber acrecentado en algo el
o sigo, de su *independencia y*

BOSQUEJO

DE UN VIAJE HISTORICO E INSTRUCTIVO

DE UN ESPAÑOL EN FLANDES.

Mas, tu me dá que cumpra, ó grao Rainha
das Musas, c'o que quero a nação minha!
Camoes. Os Lusiadas. Canto x. 9.

PARIS. I. Si disgustado un honrado español de la rídicula fisgonería de los policiantes de París, quisiere antes de regresar á su patria, hacer un viage redondo, acompañado siempre en él de gloriosos recuerdos; ó bien si, mancebo todavía y habiendo estudiado en aquella universidad y colegios de París, en que estudiaron ó enseñaron Luis Vives, Fernan Perez de la Oliva, San Ignacio, Mariana, y varios otros españoles, tratáre de completar su educacion, viajando por donde, al paso que la agricultura, la industria y las artes le ofrezcan mucho que admirar, se le presenten á cada instante lugares, en que tal vez sus propios ascendientes acometieran memorables empresas, no tiene mas que encaminarse á los Paises-bajos.

Para dirijirle en su peregrinacion, y suponiendo que lleve el ánimo de comunicar á sus compatriotas el resultado de ella, nos le figurarémos desde luego saliendo por la puerta de *Saint-Denis*: puerta por la que dirá, que salió en 1594 la guarnicion española, al cabo de cuatro años de residencia en aquella capital, y que eso fue cabalmente en el dia, en que sus habitantes abrieron atropelladamente las puertas á Enrique IV, ya convertido al catolicismo, despues de haberlo resistido largo tiempo. Como pudiera suceder, que el viajante fuese como el que esto escribe, natural de las provincias vascongadas, no dejará en tal caso de contar, que en aquel dia llevaba la vanguardia su paisano el valiente capitan Esteban de Legorreta, añadiendo que *todas las naciones de la guarnicion*, es decir, los españoles, italianos y walones que la compusieron, *iban*, como refiere don Carlos Coloma, *representando en los rostros y en los trages mas gloria de haber poseido á la ciudad, cabeza de la Francia, que vergüenza de salir de ella por fuerzas tan desiguales* (*).

(*) Coloma. Guerras de los Estados-bajos, etc.

En seguida contará igualmente, que en la retaguardia iban el embajador Duque de Feria, y don Iñigo de Mendoza y don Francisco de Ibarra, que le habian ayudado en las difíciles negociaciones de entonces; y esa circunstancia y personages, que recordarán á nuestro viajante el mérito y desinterés de nuestros antiguos diplomáticos, no la dejará pasar de modo alguno sin cargar un poco la mano sobre los que se ha visto en París, *no dar cien escudos diarios en sòlo pan á los pobres*, como el embajador don Bernardino de Mendoza durante el sitio de 1590, sino enfangarse en empréstitos vergonzosos y especular en fondos, que eran la ruina de su afligida y triste patria.

Amiens. II. Llegado á *Amiens*, que nuestro viajante algo entendido en la literatura y teatro de su país, hallará ser una ciudad populosa, situada *en la fria márgen del Somma*, como se dice en la famosa comedia de *Por su rey y por su dama*; lo primero que de ella contará, será el modo con que don Rodrigo Uriz, don Gorbaran de Leet, don Fernando Ayanz y don Carlos de Artieda, llevaron á ella en 1357 al rey de Navarra Carlos el malo, que disfrazados en carboneros habian sacado del castillo de *Arleux*, en que el rey de Francia le tenia presó. Celebrará luego asi la industriosa osadía con que el sargento, y por ello capitan, Francisco del Arco, noble aragonés natural de Borja, contribuyó en 1597 á sorprender á *Amiens*, con un saco de nuezes, que es el objeto principal de la comedia citada, como la valiente defensa que de aquella plaza hizo hasta morir, el que por su pequeñez era llamado Hernandillo Tello de Portocarrero, natural de Toro. Describirá como merecen, aquellas granadas inventadas durante el sitio, que *daban por muy largo espacio mayor luz que doce hachas encendidas*; las brillantísimas salidas hechas varias veces contra el enemigo por el marques de Montenegro y los capitanes Francisco de la Fuente, Juan de Guzman que murió al fin, Diego de Durango, Francisco del Arco, Martin de Eguiluz, Diego de Villalobos, don Gomez Butron, el sargento mayor Andres Ortiz y varios otros; el admirable denuedo con que el dicho Francisco del Arco, el alferez Juan de Hinestrosa y el sargento don Luis de Benavides, muerto despues valientísimamente en una salida, rechazaron siete veces en un dia con poquísima gente á los franceses, que obstinadamente atacaron el rebellin de *Montrecourt*, y finalmente el orden y serenidad con que, muerto el gobernador Hernan Tello en el mismo rebellin, continuó Montenegro defendiendo la plaza, y no capitulando sino con orden y licencia espresa del archiduque Alberto, y eso, añadirá el viajante, que fue al cabo de seis meses y medio de sitio, y cuando frustrado enteramente el socorro que el mismo archiduque comandaba, estaban tales las brechas, especialmente la del rebellin, que sin ayuda alguna subió por ella, mientras se capitulaba la bella Gabriela, dama de Enrique IV (*).

Preguntará con tierno cuidado si aun existen en la iglesia mayor la sepultura y epitafio del buen Tello de Portocarrero, que algunos estrangeros cuentan que el marques de Montenegro estipuló al capitular, que se habian de respetar; y en todo caso reconocerá, y si puede irá á templar su patriotismo en el lugar, en que Enrique IV al salir la guarnicion por la brecha con su música, banderas desplegadas, y Montenegro con su baston de comandante á la cabeza, le hizo en persona los honores, y al verla reducida á seiscientos soldados sanos y ochocientos enfermos, colmó de elogios al que la mandaba, honró y acarició á los oficiales, y admiró con grandes palabras su constancia y esfuerzo. Y contado todo eso sin vanidad ni orgullosa afectacion pasará el viajante á dar alguna idea de la época y espíritu del tratado

(*) Coloma ibid.

ó paz hecha en Amiens en 1802, en cuya virtud ganamos á Olivenza á orillas del Guadiana, y perdimos la isla de la Trinidad á la embocadura del Orinoco, concluyendo el artículo con algunas noticias acerca de la magnífica catedral gótica de aquella ciudad y sus pilares sonoros, y acerca de la biblioteca pública, fábricas de terciopelo y otras, porque el entusiasmo y amor á la patria no se ha de exagerar en términos, que se desprecie ú olvide lo que pareciere útil y digno de noticiarse á sus compatriotas.

DOULENS. III. De *Amiens*, prefiriendo el camino de *Saint-Pol*, se dirigirá nuestro peregrinante á *Doulens*. Allí se acordará y desde luego tratará de la batalla que en sus inmediaciones ganó en 1595 el conde de Fuentes, y como en toda ocasion y siempre que se pueda, se han de citar los nombres propios para honrarlos, no se olvidarán de modo alguno los de los capitanes don Fernando Deza, don Diego Villalobos, y sobre todo Alonso de Rivera que murieron en ella. Recordará y tratará igualmente de la triste suerte del Almirante Villars, que *vistoso* y *galan y en un gallardo caballo* andaba en la pelea, y cayó en manos de los tenientes Pedro de Sosa y Hernando Patiño, de la compañía de caballos del historiador don Carlos Coloma. Contará con este modesto y verídico escritor, cómo Juan de Contreras Gamarra, comisario general de la caballería, mandó matar al almirante para terminar las disputas sobre su prision, y hacer andar á los que se la atribuian; y añadirá, que si bien don Carlos refiere, que en aquella batalla se le rindió el conde de Belin gobernador de París, calla haber sido él quien le pegó el bote de lanza que le derribó del caballo: que en aquel tiempo el valor era comun, la charlatanería rara, y en vez de loarse los valientes á sí mismos por acciones insignificantes, las proezas se sabian por otros que los que las ejecutaban. En seguida tratará de cómo la plaza de *Doulens* fue poco despues tomada de asalto, llevando en él la vanguardia los capitanes Isidro Pardo, Antonio Sarmiento Losada, y Antonio de Soria con el alferez don Juan de Londoño, los cuales encomendandose á Dios primero de rodillas, arremetieron denodadamente á la brecha, pelearon pica á pica largo rato en ella, y no obstante quedar muertos Londoño y Pardo, y heridos Sarmiento y luego Soria, pasaron los demas con intrepidéz adelante. A toda esa relacion agregará la del modo con que el sargento mayor Fernando Vallejo rechazó en 1597 al mariscal de Biron, que intentaba apoderarse de aquella plaza, en la que á menos de no querer el viajante examinar sus buenas fortificaciones, si se lo permiten, ó tal cual fábrica de lienzos, no hay para que detenerse mucho tiempo.

SAINT POL Y ARDRES. IV. De *Doulens*, si su empeño no fuere seguir todas las vueltas y revueltas que los ejércitos de Carlos V y Felipe II dieron por toda aquella parte de la Francia, se encaminará por *Saint-Pol*, *Aire*, *Saint-Omer* y *Ardres* á *Calais*. De *Saint-Pol*, en el antiguo *Artois*, podrá contar, que habiéndole tomado Francisco I de Francia, le retomó en 1537 el ejército de nuestro Carlos V, mandado por el conde de Egmont. Tambien podrá decir de que modo unos españoles amotinados se apoderaron de aquel pueblo en 1593, despues de haber andado diez leguas en una noche; y agregando á eso algo de sus fábricas de nankines y plantíos de tabaco, si los hubiere observado, la emprenderá con *Aire*, plaza fuerte en un país hermoso, entre la cual y *Saint-Omer* combatieron mil y doscientos españoles y walones en 1523, con tal obstinacion, que los franceses no cantaron victoria, sino que con pérdida igual la noche puso fin al combate.

En el caso de que nuestro narrador no anduviere muy de prisa, *Aire*, y principalmente *Saint-Omer*, le ofrecerán tal cual fábrica que examinar y algun objeto curioso;

mas lo mejor será que ahorrando el tiempo, como conviene en viajes de esta especie, para lugares mas importantes, siga sin detenerse á *Ardres*. Alli, al contar el sitio que el archiduque Alberto puso en 1596 á aquella plaza, no dejará de referir que al abrirse las trincheras, murieron los acreditados capitanes Rosado y Hernan-Gomez de Contreras con el alferez don Francisco Corral. Referirá igualmente que cuando el maestre de campo Juan de Tejeda, guiado de un walon práctico en la plaza, la sorprendió de noche y entró en ella desbaratando la guarnicion, rompieron una pierna al capitan Simon Antunez portugués de mucho crédito, y rendido en seguida el castillo sin esperar el asalto, confirió el mismo archiduque el gobierno al capitan Domingo de Villaverde, que habia mostrado gran valor y diligencia, asistiendo por órden suya al maestre de campo don Agustin Mesía; que es como si dijeramos, servídole de Ayudante ú oficial de estado mayor. Y con todo eso, y con algo mas concerniente á la fortificacion actual de *Ardres*, si fuere aficionado á ello y se la dejan ver, se dirijirá el viajador á *Calais*, dando al paso alguna idea del puente sin igual (*pont sans pareil*) y de *Guines* que sus compatriotas tomaron en 1595.

Calais. V. Ya en *Calais*, si nuestro curioso hubiere leido en la crónica del famoso Pero Niño sus valentías y torneos en París, sus amores en *Rouen*, y su llegada á aquel puerto, con ánimo de sacar algunos navíos ingleses, cuando á principios del siglo XV les hacíamos la guerra con los franceses, dirá con su alferez Gutierre Diaz de Games, que lo hubiera hecho *si non fuera porque menguaba el agua, é lanzaban de la villa muy fuertes lombardas, que llegaban á la mar muy lejos.* Esplicará luego en donde estaba el puerto de *Nuleta*, al que se retiró en aquella noche, y habia una guarnicion de flecheros comandada por un buen *ome de armas castellano que decian Ochoa Barba*, y continuará con que habiendo conservado los ingleses tan importante plaza hasta 1558, la perdieron para siempre en Enero de aquel año, porque su gobernador Milord Dumford, ó por vanidad personal ó por recelos de que Felipe II se la guardase, no quiso admitir el refuerzo que le ofrecian el capitan Salinas y Cristobal de Mondragon (1), que

---

(1) Cristobal de Mondragon, de quien mas de una vez se ha de hacer honrosa memoria, era natural de Medina del Campo, y murió de castellano de Amberes, de edad de 92 años en Enero de 1596. Fue segun el P. Strada uno de los diez españoles que á nado y con la espada en la boca atravesaron en 1547 el Elba, y trageron con gran riesgo las barcas que sirvieron al ejército de Carlos V para pasar

estaban alli cerca con sus compañías, ni creer tampoco que el duque de Guise se atreviera á atacarlos. Luego seguirá con que en 1588, al llegar por alli la armada mal llamada invencible, perecieron en aquella rada don Hugo de Moncada y Juan Setanti, caballero catalan, despues de bien defendida la galeaza que montaban, y fueron mal heridos Luis Macian y don Francisco Juan de Torres, ambos valencianos, y prisioneros los capitanes don Rodrigo de Mendoza, Solórzano y Loaysa.

Contará tambien de qué modo el archiduque Alberto sitió y tomó por capitulacion la plaza de *Calais* en 1596, y cómo defendiéndose con obstinacion el castillo, fue asaltado y degollada su guarnicion, á pesar de haber volado con una mina el capitan Diego de Durango que llevaba la vanguardia;

---

aquel rio y ganar en seguida la famosa batalla de Mulkberg ó Mulhaussen. Aunque Mondragon mandó como maestre de campo el tercio viejo de españoles, se le llama comunmente coronel, por haber mandado mucho mas tiempo walones, y ser ese el nombre que se daba á los que mandaban regimientos de aquella nacion ó alemanes. Por lo demas las acciones que indicarémos de Mondragon, y que no son mas que una parte de las suyas, no solo le presentan como uno de los mas famosos soldados españoles, sino quizá de toda Europa, siendo mengua nuestra, que sus hazañas apenas sean conocidas sino de tal cual curioso.

de haber rodado por la brecha hasta el foso el maestre de campo don Luis de Velasco, y haber muerto el Cuartelmaestre del ejército Juan Gonzalez, que era escelente en el oficio, el ingeniero Paccioto, los capitanes Juan Alvarez de Sotomayor y Hernando de Isla, que fue de aficionado al asalto, y los alférezes Valdaura y Blas de Salcedo, camaradas de Juan de Rivas, que fue nombrado gobernador. Y concluidas esas noticias bélicas, vendrá bien tratar de los viajes de Carlos V á *Calais*, de sus entrevistas alli con Enrique VIII de Inglaterra, y de varios congresos ó negociaciones diplomáticas á que los enviados del rey de España asistieron, asi en el pueblo como en sus cercanías; y como por otra parte es *Calais* en el dia uno de los puntos del globo por donde mas pasageros transitan no perderá el nuestro la ocasion de informar á sus compatriotas de los diferentes modos de viajar por tierra y agua en los países estranjeros, y de las ventajas que eso procura, indicando al fin algo del estado actual de aquella ciudad con especificacion del de la pesca, ó en cualquiera otro ramo en que sobresalga.

Dunkerke. VI. De *Calais* pasará el viajante á *Dunkerke*. Como en el camino y á la embocadura del rio *Aa* se halla *Gravelines* ó Gravelingas, segun la llama el coronista de Pero Niño, comenzará por decir, que en el tiempo en que este insigne aventurero corria por el canal tras los ingleses, habia alli *castellanos de guarnicion á gajes del rey de Francia.* En seguida la emprenderá con la batalla, que el conde de Egmont ganó alli á los franceses en 1558, y en ella dirá, que si bien no hubo mas que mil infantes españoles mandados por don Luis Carvajal y la caballería de don Enrique Enriquez, y que por lo tanto el resto de los que pelearon y vencieron fueron walones y flamencos, eran con todo súbditos españoles, y hasta los navíos ingleses que andaban por la costa y concurrieron al triunfo, tremolaban un pabellon que se rendia al rey de España Felipe II, por serlo al mismo tiempo de Inglaterra: y tan alto grado de prepotencia política en aquellos dias, le sujerirá en estos de influjo estraño y de abatimiento nacional, reflexiones algo duras contra los egoistas y estranjerados, que preconizaban no hace mucho aquella *monarquía pura* y sola, que Cobarrubias y los mas sábios españoles tenian entonces por absurda. Tras eso vendrá el contar igualmente y con algunos pormenores, cómo por negociacion de Alonso Curiel se entregó á don Juan de Austria en 1578 la plaza de *Gravelines*, y cómo por no haberla podido socorrer los españoles, la perdieron en 1644, la volvieron á ganar en 1652, y la perdieron otra vez en 1658, quedando desde entonces á la Francia por la paz de los Pyrineos.

Referido todo eso, y algo concerniente á la ciudadela y cuarteles de *Gravelines*, que es lo principal que en aquel pueblo y puerto podrá llamar la atencion del viajero, se encaminará éste al tambien puerto y plaza de *Dunkerke*. De ella contará desde luego, que tomada en 1558 por el mariscal de Termes, devuelta á Felipe II por el tratado de *Cateau-Cambressis*, y entregada al duque de Alençon durante las turbulencias de los Paises bajos, la ganaron los españoles con el duque de Parma en 1583, y fue su gobernador Francisco de Aguilar Alvarado, valeroso capitan del tiempo de Carlos V, la perdieron en 1646, y la volvieron á ganar y perder por diferentes acontecimientos en los mismos años que *Gravelines*. Antes ó despues de eso, podrá hacer alguna indicacion del descuido con que alli se trabajó en los preparativos para ayudar á la invencible armada en su desembarco en Inglaterra, acerca de lo cual dirá con don Carlos Coloma, haber sucedido cuando ya la armada estaba á la vista, que dada por el duque de Parma la órden de embarcarse alguna gente, *fue con risa de los soldados, pues tocó á varios embarcarse en barcos, en donde no habia puesto la mano el calafate.* Tambien podrá decir algo de lo sucedido en aquel puerto á una nave levantisca llamada la Rata, la cual fue causa de que don Hugo de Moncada pereciera en Calais; y dará fin á cuanto concierna á *Dunkerke*, con manifestar el estado de su pesca y principalmente el del comercio de aguardientes, que allí se hace con España.

NIEUPORT, LAS DUNAS Y OSTENDE. VII. Dejado *Dunkerke*, y trasladado el viajante, ó por el camino ó por el canal á *Nieuport*, antes de contar que esta plaza fue tambien tomada en 1583 por el duque de Parma, deberá decir que igualmente lo fue la de *Furnes*, que está al paso y ya en la Bélgica, con muy buenos edificios góticos y calles anchas y limpias. Luego contará que en 1596, alojado don Juan de Bracamonte con su compañía de lanzas en *Nieuport*, derrotó en una salida á doscientos infantes de la guarnicion de *Ostende*, que iban segun costumbre á correr el país de *Furnac*; y á eso agregará que si en 1600, despues de la derrota de que luego se tratará, no se apoderó Mauricio de Nassau de *Nieuport*, aunque lo intentó y le estrechó algun tanto, fue por un refuerzo de 1600 hombres enviado por el archiduque Alberto, y por haberse situado don Luis de Velasco primero en *Dixmude*, y luego mas cerca de aquella plaza.

Dadas esas noticias, y llegado ya el viajante á las *Dunes* de paso para *Ostende*, podrá indicar los motivos que frustraron las negociaciones de paz entabladas en 1587 por España é Inglaterra en aquel sitio, en el que con dolor recordará el desacierto sin igual del archiduque Alberto, y del almirante de Aragon, que habiendo en 1600 derrotado por la mañana y en las mismas *Dunes* á un cuerpo numeroso de ingleses y escoceses mandados por Mauricio de Nassau, se empeñaron imprudentemente en la misma tarde y lugar en otra batalla mal combinada, en la que fueron tan completamente derrotados, que perdieron mas de ciento y veinte banderas y estandartes, y tres piezas. Referirá la muerte del maestre de campo Gaspar Zapena, y la del capitan Francisco del Arco, que tanto se habia distinguido en *Amiens*, con la de muchos otros de su clase, de la de oficiales y gente distinguida, junto con la prision del maestre de campo Luis del Villar, del gobernador Simon Antunez, y de muchísimos capitanes y alférezes, sin olvidar á los doscientos desgraciados, que los escoceses en venganza de su derrota de la mañana, mataron cobardemente al entrarlos en *Ostende*. Confesará francamente, que aquel mal suceso, que en realidad fue el mas funesto que las armas españolas sufrieran en los Paises-Bajos, ofreció al mismo tiempo una triste despedida del siglo XVI, y un presagio cierto de la suerte que habian de correr en el siguiente, con monarcas imbéciles y fraileros, y sujetos por lo tanto á influjo estraño. Sobre lo cual y á continuacion de otras tentativas anteriores é infructuosas para ganar á *Ostende*, referirá algunos pormenores del sitio realmente memorable, que el mismo archiduque puso en 1601 á aquella plaza, y terminó con su rendicion en 20 de setiembre de 1604; y al enumerar las sesenta minas que se volaron por una parte y otra, los siete gobernadores, quince coroneles, quinientos setenta y cinco capitanes, trescientos veinte y dos alféreces &c., con mas de setenta y ocho mil hombres, que segun el contador Antonio Carnero, perdieron los sitiados; y los seis maestres de campo (1), y otros tantos heridos, y mas de cuarenta mil hombres, comprendidas seis mil personas principales, y capitanes, alféreces, sargentos, &c. que perdieron los sitiadores, no dejará de advertir, que si bien tan sostenida empresa

(1) De ellos uno era walon y otro italiano y cuatro españoles, que fueron don Gerónimo de Monroy, Diego de Durango, Antonio de Ceballos y el marqués de la Bela. Carnero, lib. 16, cap. 18, pág. 517.

confirmó la opinion de paciencia y perseverancia de que gozaron siempre los españoles, descubrió por otra parte con la nulidad de sus resultados, que ya nuestras armas y política andaban en otras manos que las del siglo anterior. Eso le conducirá naturalmente á indagar cual fue el orígen de la pericia militar y política de los españoles desde el reinado de los reyes católicos hasta entonces, y dirá si se debió ó no á la libertad de que gozaron, á la instruccion pública y nacional que fue hija de ella, y al aprecio y caso que aquellos reyes hicieron del pueblo; probándolo todo, si es posible, con el paralelo de aquel siglo con los dos inmediatos que le antecedieron y siguieron. Y con eso y otras noticias, ya históricas, ya políticas, ó bien relativas al comercio actual de *Ostende* y á las causas que han podido contribuir á su progreso, visitados sus alrededores tan regados de sangre española, se dirigirá el nuestro para *Bruges*, embarcándose en aquel mismo canal que el marqués de Castel-Rodrigo mandó ensanchar en 1665.

Bruges VIII. Llegado á *Bruges*, averiguará desde luego si aun existen vestigios del sepulcro del insigne valenciano Juan Luis Vives, que alli se casó y fue enterrado. Tratará de él como merece, y le presentará cual realmente fue, uno de los primeros y mas célebres restauradores de las letras en el siglo XVI. Entre otras obras que en aquella ciudad compuso, su tratado *De causis corruptarum artium*, dedicado á Juan III de Portugal, que el viajante, si busca la instruccion, deberá leer, no dejará de fijar su atencion, especialmente por el elogio que en él hizo de los que en su tiempo eran modernos. Leido, quizás declare, que aunque él se halla como Vives, con no pocas razones para elogiar á los antiguos, y que en la relacion de su viaje se echa muy bien de ver, que no deja de hacerlo siempre que se ofrece, con todo, habiendo vivido tiempos muy difíciles para su patria, y habiendo de sus resultas conocido y tratado dentro y fuera de ella á españoles que ni en fortaleza ni en prudencia cedian á los pasados, tuvo alguna vez ocasion de pensar y decir, aunque en otro sentido que Vives, que *ni nosotros somos enanos, ni aquellos hombres gigantes. Que todos somos de una misma estatura, y que si adoptamos el mismo estudio, la misma atencion, vigilancia y amor á la verdad que tuvieron los antiguos* (1), y mas si le aplicamos como

---

(1) De causis etc. *Neque nos sumus nani, nec illi homines gigantes, sed omnes ejusdem naturae... Maneat*

los citados frecuentemente en este viaje, á sostener el decoro y dignidad de nuestra patria, ni seremos menos vigorosos que ellos, ni en saber ni honradez les quedaremos en zaga. Para eso podrá insistir en que lo primero ha de ser, no fiarnos, como en la infancia de Vives lo hacian, y aun por desgracia lo hacen muchos españoles, de cuanto hallemos impreso, y mas si nos viene de afuera: porque por brillante y rico que ese testimonio nos parezca (1), acaso cuando ya sea tarde, le encontremos capcioso ó dictado por miras interesadas, como ya lo vieron, no ha mucho, los que difiriendo mas á los que de afuera los alhagaban, que á lo que exigia la libertad é independencia de su patria, sufrieron con vilipendio la misma suerte de los que mas prudentes no cayeron en el lazo.

A eso se seguirá tratar de varias transacciones políticas, ocurridas en *Bruges*, y que tocan á nuestra historia diplomática. Tales serán, por ejemplo, la asistencia de don Alonso Barrasa, obispo de Salamanca,

modo in nobis quod studium, atentio animi, vigilantia et amor veri etc.

(1) Ibidem. *In Hispania puer audiebam in fidem dicti alicujus citari librum impressum: hoc locupletissimum erat testimonium etc.*

á un congreso que en aquella ciudad se tuvo en 1374 con el fin de concertar á la Francia é Inglaterra, y tal será tambien la alianza combinada alli en 1521 por el cardenal Wolsey entre el emperador Carlos V y su tio Enrique VIII de Inglaterra. A continuacion de eso, y como que acaso el viajante tuviera ya ocasion de apreciar la ignorancia y frivolidad de los diplomáticos de su país, no será malo que por contribuir á su correccion, cite el ejemplo de Mosen Ugo de Urries, *caballero, y del Consejo, y copero mayor del serenissimo rey don Johan segundo de Aragon que, stando embaxador en Anglatierra e Borgoña de su magestad e del illustrissimo príncipe* (el rey católico) *fijo suyo*, en vez de descuidar su lengua, ó de no aprender mas que los vicios, modas ó guisados de la Flandes, *translaló del lenguaje francés en el romance de nuestra hyspaña á Valerio Maximo, e fizo la translacion en la ciudad de Bruges del Contado de Flanders en el año mil* CCCC LXVIII (1).

A continuacion de esas noticias entrará nuestro viajero á referir el orígen de la Or-

---

(1) Impresa en Zaragoza en folio en 1495: y véase sobre eso á Pellicer en su Biblioteca de Traductores, y á don Carlos de la Serna Santander en su catálogo en francés de libros impresos anteriores al siglo XVI.

den del Toyson de Oro, instituida en 1434 en aquella ciudad por el duque de Borgoña Felipe, llamado sin razon el Bueno, y la dará una buena mano. Dirá de ella sin reparo, que fue una institucion ridícula, debida á cosas de *putería* (1), puesto que su objeto, segun cuentan, fue celebrar los cabellos rubios de una señorita á quien Felipe cortejaba entonces (2), y que acaso sería una de las mancebas en quienes tuvo hasta diez y seis bastardos. Pero sea este ú otro mas honesto su orígen, sostendrá con indignacion patriótica que siempre es una *Orden* estra-nacional, conservada sin justicia, y que ninguna idea gloriosa nos escita, cuando por el contrario, todo cuanto hubo en nuestro suelo de grande y eminente en letras, armas y ciencia, fue siempre acompañado de esas crucecillas verdes y rojas de Alcántara, Calatrava y Santiago, que hoy andan como avergonzadas, y que españoles muy respetables antepusieron al Toyson, como debian. Sobre lo cual, y para evitar nuestro narrador que en los tiempos que corremos no le tengan por novador peligroso, ó por lo

(1) Palabra tal vez mal sonante pero muy castellana y legal segun la ley 4, tít. 22, part. 4.

(2) El autor ha visto en agosto de este mismo año espuesto un cuadro en Amberes que representaba eso mismo.

que llaman *tragalista*, contará con Sandoval, que en el primer capítulo de aquella Orden, celebrado en España, que fue el de Barcelona en 1519, habiéndosela conferido Carlos V al conde de Benavente, no quiso éste de modo alguno admitirla, diciendo que *él era demasiado castellano para honrarse con blasones estrangeros, habiéndolos en el reino tan buenos, y á su estimacion mejores* (1).

Terminada esa relacion podrá el viajante indicar algunas empresas militares de los españoles en *Bruges* y sus cercanías, bien que por abreviar quizás convenga limitarse á la entrega de aquella ciudad en 1584 al duque de Parma. Pero se estenderá y no temerá ser prolijo asi en dar razon del estado, en general brillante, de la agricultura en la Flandes occidental, cuya capital es *Bruges*, como de la decadencia del antiguo comercio de esta con el mediodia de la Europa. Citará con este motivo algunos hechos, y como cosa curiosa dirá con Guicciardini, que por haber comenzado los negociantes de aquella ciudad á tratar sus negocios delante de la casa de la familia de *Bourse*, ha

(1) Historia de Cárlos V, año de 1516, y en el lib. 25, §. 5, año de 1543.

venido ese nombre que nosotros impropiamente hemos convertido en *Bolsa*, á los lugares en que en otras partes se han juntado y juntan los comerciantes.

Por lo que hace á España, para mostrar que el tráfico con ella debió de ser considerable, referirá nuestro viajador con el coronista de don Pero Niño, que cuando éste, á fines del reinado de Enrique III, ó sea hácia el año de 1404 ó 1405, llegó con sus naves á *una villa llamada el Esclusa* (1), *se fue á la cibdad de Brujas, que está de alli seis leguas, e alli estaban muchos mercadores de Castilla que le facian muchas honras e servicios*; y á eso añadirá que, segun Damian de Goes, todavia en el primer tercio del siglo XVI llevaban los españoles á aquel mercado hasta cuarenta mil sacas de lana. Con ellas sin duda ninguna se fabricaban los hermosos tapices que aun se ven en el Escorial y en el palacio de Madrid; pero sea por la decadencia del comercio, ó mas bien por la versatilidad de la moda, lo cierto es que ya no queda nin-

(1) *L'Ecluse*, plaza y puerto de mar á la distancia de Bruges que se indica, fue tomada por el duque de Parma en agosto de 1587, al cabo de un sitio de los mas memorables de aquel tiempo, y perdida por el archiduque Alberto en 1602, capitulando su guarnicion cuando ya no le quedaba mas que un dia de víveres.

guna fábrica de ellos, que llame la atencion del curioso. En su lugar, por lo tanto tratará el nuestro de la hermosa casa consistorial de *Bruges*, de la bella iglesia de Nuestra Señora, y de varios otros edificios y objetos artísticos, entre los cuales dará el primer lugar á algunos cuadros del célebre Juan Van-Eyck, llamado tambien Juan de Bruges, que fue el inventor de la pintura al óleo, y muy favorecido por eso de Alonso V de Aragon. Dará tambien noticia de los muchos canales que salen de Bruges en todas direcciones, y que don Carlos Coloma, al contar que en 1588 fueron ó abiertos ó ensanchados por el duque de Parma, para facilitar los aprestos de la *invencible armada*, llama con mucha razon obra de tanto ingenio como coste; y por uno de ellos, ó bien por el camino real, se trasladará á *Gand*. Si prefiriere lo primero, no dejará en tal caso de acordarse del viaje que Carlos V y el príncipe don Felipe su hijo con toda su Corte hicieron por aquel canal en 1549; y si lo segundo, recordará á su paso por *Ecloo*, que los españoles con el mismo Parma tomaron aquel punto en 1583, con el fin de impedir la comunicacion de los brugenses con los de Gand y otros pueblos rebelados.

Gand. IX. A su llegada y mientras subsista en *Gand* habrá de chocar á nuestro viajero no hallar monumento ni vestigio alguno regular, que le anuncie haber alli nacido Carlos de Gante, ó sea el emperador Carlos V. Solo como por tradicion, y acaso con desden, le indicarán un lugar, destinado no ha mucho á usos poco decentes, en el que se dice que vino al mundo aquel Quijote ó militar ó de la fé, como algunos le llamaron; y semejante descuido, dado que no le haga vociferar, que bien merece ese olvido quien tanto daño á nuestra patria, le inducirá al menos á confesar que si por una parte es deleznable y flaca la gloria que no se encamina á mejorar la suerte de los hombres, son por otra descabelladas y funestas las leyes civiles ó políticas que se desvian de la naturaleza. Porque ¿qué otra cosa, dirá, podia haber producido el desvarío de regir y gobernar una misma mano á pueblos tan naturalmente separados como la España y los Países-Bajos, sino turbulencias y desapego entre unos y otros habitantes? De resultas de eso gemirá sobre la causa que nos trajo á la casa de Austria, ó sea una dinastía estrapeninsular, precisamente cuando poco antes habia sido el príncipe don Miguel jurado y reconocido sucesor y heredero de Aragon, Castilla y Portugal; y á todo eso agregará, que si Carlos V, como lo aparentó alguna vez, ó bien su hijo despues de reinar en

Portugal, hubieran formalmente renunciado á aquellos paises, otro gallo nos cantára; y nuestros mayores no solo se hubieran preservado de todas las miserias del siglo XVII, sino que con nuestra península uninacionada, nos habrian dejado una independencia y reposo que aun parecen algo lejos.

Hechas estas reflexiones, comenzará nuestro viajero su relacion de *Gand* por las artes, que sin duda alguna cuentan pocos pueblos tan devotos y aficionados suyos como aquel. Si se hubiere hospedado en la fonda ó posada de la Posta, situada en la plaza de San Pedro, que tambien llaman plaza de armas, y quisiere ir á ver la catedral de San Bavon, en tal caso, al atravesar la plaza deberá acordarse con placer de las cañas á la española, que alli jugaron en 1549 varios caballeros españoles, que acompañaban á Carlos V y á Felipe II, todavia príncipe, en el viaje que hicieron á los Paises-Bajos. A todos los nombrará con cuidado en su relacion, describiendo con esmero, por ser ya cosa olvidada, las galas y aderezos que sacaron, y despues de referir que de los dos puestos, cada uno de á tres cuadrillas, que habian de correr, del uno era cabeza el príncipe don Felipe y uno de sus caballeros el duque de Alba, y del otro don Juan Pimentel, concluirá con que "entrados todos

»los caballeros y corrido todo el campo por »diversas partes á manera de escaramuza, re»cogiéronse cada uno á su parte con sus adar»gas, y dejadas las lanzas tomaron varas y »comenzaron á jugar con gran concierto y »destreza en el echar las varas y en el revol»verse en la silla y adargarse de las que unos »contra otros se tiraban, con gran contenta»miento y admiracion de todos los de aque»lla villa, y generalmente de todos los caba»lleros de aquellos estados, por ser para ellos »cosa nueva y que no la usaban, y pocas »veces la veian (1).»

Llegado á la catedral, si el viajante se animáre á subir á las torres para admirar desde lo alto una llanura inmensa y muy poblada, podrá acordarse de un dicho atroz que quieren soltára el duque de Alba cuando subió á ellas con Carlos V, en el tiempo de la revolucion de *Gand*. Dirá que por mas que algunos escritores le indiquen, no necesitaba aquel emperador de tales estímulos para vengarse de una ciudad, ó para asolar á la que se hubiere rebelado, aun con menos razon que *Gand* entonces; pero que por lo mismo que el duque era, hasta en opi-

(1) *El felicísimo viaje del muy alto y muy poderoso príncipe don Felipe..... desde España á sus tierras de la baja Alemaña*, por Juan Cristóbal Calvete de Estrella, Anvers. 1552, lib. 3, pág. 111.

nion de sus enemigos y rivales, un hombre estraordinario, á quien nunca cogian desapercibido ni en la guerra ni en los negocios, le acusaron los que valian poco, de vengativo, feroz é inhumano, y le imputaron cuantos males ellos mismos con su propia impericia y descrédito traian sobre sí y sobre su país.

Si despues de subir, ó no subiendo los 460 ó mas escalones que tienen las torres, recorriere el curioso la iglesia, se hallará entre otras pinturas con la del *triunfo del cordero*, que pasa por la primera ó por una de las primeras pintadas al óleo por su inventor Juan Van-Eyck, de quien ya se dió noticia en Bruges. De ella podrá contar que, deseando Felipe II trasladarla á España y no queriendo emplear su autoridad al intento, encargó una copia á Miguel Cokxien, pintor de mérito, de quien hay obras en el Escorial. Dos mil ducados, segun Guicciardini y Foppens, parece que á tasacion de peritos le dió por ella, ademas de pagarle los colores y de haberle mantenido dos años, y que no quedando todavia contento le aumentó la paga (1); y esa y otras pruebas que aun se verán de la afabilidad de aquel prín-

(1) Guicciardini en la descripcion de los Países-Bajos, artículo Amberes, y el canónigo Foppens en su *Bibliotheca Belgica*.

cipe, indicará nuestro viajante que están muy lejos de presentarle tan uraño y absoluto como algunos nacionales se le figuran, y los estrangeros que zurró se empeñaron en que lo fuera.

Vistos otros cuadros y objetos de la catedral, asi como la sillería del coro en que Felipe II celebró en 1558 un capítulo de la Orden del Toyson de Oro, visitará nuestro viajador la iglesia de San Miguel y otras que en el pueblo le insinuarán. Se trasladará luego á la plaza ó mercado, llamado del *Viernes*, que antes quizás viese perfectamente copiado en el *Diorama* en París, y se dirigirá despues á la universidad. En tan bello edificio no tanto escitarán su atencion una hermosa fachada y la magnífica sala ó teatro académico, como la biblioteca, las colecciones de historia natural, y las monedas ó medallas, entre las cuales hallará algunas poco comunes de nuestros reyes godos. Pasará en seguida al jardin botánico, que es muy rico en todo género de plantas; y como en *Gand* y en todo aquel país el cultivo de flores y plantas raras ha llegado á la mas alta perfeccion, dirá dos palabras acerca de las sociedades llamadas de *Horticultura*. Manifestará el sistema que siguen para estimularse con premios á eso, y añadirá, que sus individuos, y otros que no lo son, por el esmero y perseverancia que emplean en aclimar, multiplicar y ganar nuevas especies de vegetales para vencer en las esposiciones públicas, han introducido en la economía rural, acaso sin pensarlo, prácticas y labores, que tal vez no se hubieran alcanzado sin esa inocente aficion.

Examinado lo curioso entrará el viajante con lo útil, ó sea con la industria de *Gand* y la de la Flandes oriental, cuya cabeza es. Como no deja de ser variada, dirigirá especialmente su atencion á los dos artículos: 1.° de lienzos y telas, cuyas piezas son los mismos paisanos los que las fabrican y llevan á los mercados de aquella ciudad, de *Alost* y otros; y 2.° de algodones, cuyos hiladeros y tejederos, antes de separarse la Bélgica de la Holanda, se habian aumentado considerablemente con el consumo de las colonias holandesas. De estos últimos comenzará por decir, que sus productos reemplazan en el dia á aquellas escarlatas de *Gante*, que segun escribia el P. Guevara al Condestable de Castilla, ordenaba el antiguo fuero de Toro, que se vendieran á *cient maravedis la vara con tal que fuesen dobles y bien empolvadas*; y añadirá que estan formados muy en grande y con todo el aparato de máquinas de vapor y demas ya conocidas de hilar y tejer, al paso que la industria liencera, ó sea la de las telas, aun se mantiene humilde y rústica, y emprendida por cada paisano en su alquería.

La circunstancia de emplearse esta en materias propias del suelo y cultivo indígena, y aquella en las exóticas y distantes, inducirá á nuestro investigador á examinar cuál de las dos deja mayores beneficios en el país. Y luego, si ya estuvieren resueltas por los representantes de la Bélgica, deberá manifestar á sus compatriotas el resultado de las dos siguientes cuestiones económicas que los ocupaban no ha mucho. 1.ª Si comprando los ingleses el lino en Flandes para hilarlo y tejerlo mas barato en sus máquinas, con lo cual perdian los flamencos la mano de obra, que apenas conocia antes rival, convenia imponer aun con perjuicio de la agricultura productora del lino, un derecho subido á la estraccion ó esportacion de esa primera materia. 2.º Si habiéndose paralizado la industria algodonera de *Gand* y la de toda la Bélgica, de resultas de haberse quedado la Holanda con Java y las demas colonias, en que antes gozaban sus productos de las ventajas de nacionales, se debe, para sostenerla, recargar fuertemente á los estraños al introducirlos en la Bélgica, aunque sea con daño del consumidor y de la libertad de comercio.

Contado todo eso, que no será poco, para acabar lo concerniente á *Gand*, manifestará el viajante la valentía con que en la ciudadela, levantada en 1540 por Carlos V á costa de los ganteses y para castigarlos de su rebelion, se defendieron en 1576, el teniente Antonio de Alamos y la muger de Cristóbal de Mondragon, que era el castellano, y estaba ausente. Referirá despues el furioso ataque del duque de Parma en 1582 contra el de Alenzon, y los franceses que con él se habian acogido á los muros de aquella ciudad; ataque en que mataron el caballo á Mondragon, hirieron á don Ferrante de Gonzaga, y se distinguieron los capitanes Pablo Quecedo y don Carlos de Meneses, terminando las noticias militares, para no alargarse demasiado, con la de la sumision de aquella ciudad en 1584 al teniente general de la caballería Antonio de la Olivera.

Walteren, Tenermonde, ó Dendermonde, Ruppelmonde, Lokeren, Saint Nicolas, Beveren y Tete de Flandre. X. De *Gand*, si por consecuencia de la actual incomunicacion entre los dos reinos, que formaban hace poco el de los Paises-bajos, no pudiere el viajero dirijirse á las plazas de *Axel* y *Hults* (1) bien sea para admirar la cultura

(1) Ambas plazas fueron tomadas por los españoles.

del territorio de *Waes*, ó bien para ir desde ellas á las islas de Zelanda, á lo que se dirá mas tarde, se encaminará desde luego á Amberes. Si lo hiciere en barco de vapor por el rio Escalda (*Escaut* ó *Schelde*), verá á su paso á *Wetteren*, de que se apoderó Antonio de la Olivera en 1584, y levantó luego un fuerte para impedir la comunicacion entre *Gand* y *Amberes*. Mas adelante se encontrará con *Termonde* ó *Dendermonde*, que rendida en 1572 á Cristobal de Mondragon, volvió á rendirse otra vez al duque de Parma en 1584 con pérdida de D. Pedro Tasis veedor general, y del maestre de campo Pedro Paez, tan bonachon y querido de los soldados de su tercio, que segun el P. Strada, aun creian despues de muerto que se les aparecia en el aire, y los guiaba en los combates. Finalmente á su izquierda verá á *Ruppelmonde*, que en el mismo año y por composicion se entregó al mismo duque y á Antonio de la Olivera, sin que pudieran recuperarla los de Amberes, que se trataba de estrechar.

Si en vez de embarcarse en el Escalda, prefiriere el viajante el camino regular terres-

---

La de *Hults* fue defendida con mucha valentía é inteligencia, y capituló muy honrosamente en Agosto de 1596.

tre, en tal caso pasará por *Lokeren* y *Saint-Nicolás*, villas muy lindas é industriosas; por *Beveren*, en donde el duque de Parma tuvo su cuartel general durante el sitio de Amberes, y en donde el contador é historiador Carnero estaba alojado cuando voló el puente de que luego se tratará; por *Melsen* á cuya izquierda está *Calloo*, en donde el cardenal infante don Fernando ganó en 1638 una gran batalla á los holandeses; y finalmente, andando por el mismo terreno en que el teniente Juan de Alconetar, viniendo de Flandes con su compañía de arcabuceros á caballo, y queriendo pasar á Amberes, tuvo en 1576 que escaramuzar con mas de tres mil paisanos armados, atravesará como él el Escalda en la *Téte de Flandre*, fuerte levantado por Sancho Dávila en aquel año, y confiado al maestre de campo Francisco Valdés.

AMBERES, FUERTES DE LILLO Y LIENFKESCHOECK, Y ORILLAS DEL ESCALDA... XI. En *Amberes*, como por consecuencia de la insinuada incomunicacion con las provincias holandesas, tal vez suceda que el viajante no halle modo de ir á ellas, ni por el Escalda, ni por sus orillas; regresará entonces desde *Amberes*, contando lo que de aquella plaza y puerto se anunciará á su tiempo. Mas si permitiéndole continuar su viaje, siguiere por tierra y por la derecha del rio, como debe, á *Berg-op-zoom*, bien puede estar seguro de que acaso no vea un pedazo de tierra que no fuese regado con sangre de sus compatriotas. Desde luego los restos de los fuertes de *Felipe* y *María* á una y otra orilla del Escalda le indicarán las dos cabezas del puente, que el duque de Parma mandó construir en 1584, al comenzar el sitio de *Amberes*. Dará alguna idea de su forma y atrevida construccion segun el plano y pormenores que hallará en Strada y en Aitzinger: tratará de los terribles inventos de los sitiados para desbaratarle, y de cómo en parte lo consiguieron una vez; y al recordar con este motivo la muerte en aquel acto del marques de Rubay, de Gaspar de Robles, y de quinientos oficiales y soldados mas, no dejará de advertir que en tan espantoso y universal estremecimiento debió Parma su salvacion á la obstinada importunidad del alferez Vega, que al acercarse con la bajamar el infernal brulote, le obligó sin reparo ni miramiento, á dejar el puente, y se retiró al fuerte de Santa María.

Siguiendo el viajante su camino se encontrará con el dique y casa de *Cowesteim*. En aquel terruno inundado de antemano por los holandeses, dirá, que empeñados estos en mayo de 1585, en destruir el puente y abrir la comunicacion con Amberes, se presentaron con muchedumbre de gente y barcos á atacar el fuerte de la *Victoria* y otros, de que resultó empeñarse una batalla que los españoles ganaron, habiendo combatido como rara vez se ha visto. Hará con ese motivo el debido elogio del maestre de campo don Juan del Aguila que peleó con su tercio como valiente soldado. Elogiará igualmente á Mondragon, y á los capitanes de las ocho compañías de su tercio viejo que tomaron parte en la accion, especialmente á Agustin Roman, natural de Torrejon de Velasco; el cual viendo que el conde de Mansfeld titubeaba en continuar un peligroso ataque, en nombre de Dios y del Rey le exigió que mandase marchar adelante, y así se hizo con buen éxito. Pagará en fin el tributo de honor debido á los capitanes don Sancho de Escobar, Perea, Vejera, y el valientísimo Simon Padilla con su alferez Marcos Ruiz, natural de Segovia, que todos murieron con cuatrocientos españoles y cien estrangeros: y á los capitanes Torralva y Torres de Vivero que fueron heridos; así como don Fernando Giron y muchos otros; bastando para encarecer el caso que Parma hizo de aquella batalla, el saber que de sus resultas gratificó á los capitanes, que tuvieron parte en ella con doscientos ducados, á los alféreces con ciento, á los soldados principales con cincuenta, y con ocho, diez ó veinte, segun su mérito á los demas.

Mas adelante y sin hacer caso de otras acciones y fuertes, se encontrará el viajante con el de *Lillo*, que hoy pertenece á la Holanda, y fue levantado en su tiempo por Cristobal de Mondragon de órden del duque de Alba. En vano dirá, que trató de apoderarse de él el mismo Mondragon en 1584 con el tercio viejo, y se lamentará por lo tanto del valor desgraciado de los doscientos españoles que perecieron en aquel intento con los capitanes don Luis de Toledo y don Pedro Padilla. Ese sentimiento quizás se le mitigue al mirar el fuerte de *Liefkenschoeck* al otro lado del Escalda, y acordarse del denuedo con que en el mismo año le atacó el tercio de don Pedro Paez, y como le asaltaron y degollaron á su guarnicion los capitanes Hernando de Isla y Gasparin Lucas. Finalmente en lo que le queda hasta *Berg-op-zoom* se encontrará con el fuerte de *Saint-Uliet*, que el marqués de Spinola levantó en 1622 al sitiar aquella plaza, á la que llegará no solo con esos recuerdos militares, sino con haber observado los diques, que en las orillas del Escalda como en todo lo demas de la Holanda, resguardan el pais de las marejadas y riadas: y la agricultura de los terrenos inundados que allí llaman *polders*, de los que ninguna noticia se tiene en España.

BERG-OP-ZOOM Y THOLEN. XII. Entrado en *Berg-op-zoom* plaza fuertísima, medio terrestre y medio marítima, principiará nuestro viajante su relacion confesando que siempre fue funesta á los españoles. Que á la verdad el burgalés Alonso Lopez Gallo la defendió muy bien en 1573, cuando intentó sorprenderla de noche el príncipe de Orange; pero que desde que en tiempo de don Juan de Austria la entregó la guarnicion alemana á los Estados por dinero, dirá que fue inútil cuanto idearon para tomarla asi el duque de Parma, como el archiduque Alberto, el marqués de Spínola y otros.

Por prueba de su asercion podrá desde luego citar la batalla naval, que al frente de *Berg-op-zoom* perdieron en el mismo año Sancho Davila y Julian Romero, cuando con el conde de Glimes por almirante, iban á socorrer á Cristobal de Mondragon, estrechamente cercado en Middelbourg; batalla que el comendador mayor don Luis de Requesens estuvo mirando desde la plaza, y costó la vida á setecientos walones y españoles, al capitan Diego Carrillo de Acuña, al alferez Nieto, y á otros dos alféreces mas y tres arcabuzazos al capitan Osorio de Angulo. Contará en seguida como en virtud de inteligencias, que el duque de Parma tenia con la guarnicion inglesa de *Berg-op-zoom*, intentó en octubre de 1588 apoderarse de ella de noche, y que ya dentro de las primeras fortificaciones una parte de sus tropas, fueron muertos por los ingleses los capitanes don Luis de Godoy y don Juan de Mendoza; heridos el maestre de campo don Sancho de Leiva y don Alvaro Suarez, presos otros varios oficiales que mostraron gran valor, y ahorcado el pobre cordobés Pedro Luque que andaba en los tratos para entregar la plaza. Referirá en fin de ella el tan inútil como costoso sitio que le puso el marqués de Spínola en 1622, y la gran derrota que en 1631 sufrió la escuadra de Felipe IV entre *Vianen* y *Stavenisse*, mandándola Juan de Nassau, y dirigiéndola un capuchino; y con esos tristes recuerdos, y tal cual observacion acerca de la pesca, navegacion y respetables fortificaciones de *Berg-op-zoom*, se dirigirá el viajante á *Tholenland* ó Tholen, isla y plaza dirá, en que Mondragon derrotó en 1572 al gobernador de *Zirikcée*, y que perdida despues al mismo tiempo y del mismo modo que *Berg-op-zoom*, aunque el duque de Parma lo intentó en 1588 ya no volvió mas á los españoles.

Islas de Zelanda, paso á Tergoes y Zirikcée. XIII. Pero *Tholen*, cuyos *polders* son fertilísimos, resucitará en nuestro historiador viajante tales memorias, que por apocado que sea, es de esperar que despierten su celo nacional. Situado ya en una de aquellas islas de la Zelanda, al través de cuyos canales y rias acometieron los españoles aquellas inauditas empresas, que algun escritor cuenta que les agenciaron el nombre de *patos*, deberá principiar desde *Tholen* la narracion de ellas, porque efectivamente fue alli en donde parece que comenzaron. Seguirálas paso á paso, y guiado hasta por las relaciones enemigas; y si por su desdicha y la endeblez de estos tiempos hubiese flaqueado su patriotismo, y creido á los que para realzar lo estraño, deprimen por sistema todo lo propio, que ensaye personalmente lo que tal vez sus antepasados emprendieron desde *Tholen* en 1572. Que se figure estar con ellos, y que intrépido como ellos se arroja con su mismo denuedo al agua, y siguiendo á Cristobal de Mondragon con ella á los pechos, esguaza ó vadea de noche, en cinco horas y acompañado de tres mil soldados, un brazo de mar de *tres leguas y media de ancho*, y llegando airoso ó bien mojado á la isla de *Zuid-Beveland*, corre sin descansar á socorrer al capitan Isidro Pacheco, que con don Fernando de Saavedra, don Pedro Gonzalez de Mendoza, el alferez Alonso de Miranda y otros se hallaba tan estrechado en *Tergoes*, que por la brecha se podia ya subir á caballo (1).

Si tamaña accion le pareciere fábula, ó si un estrangerismo pueril se la representase inferior á las que en el teatro, en las novelas y en las estampas se esponen en otros paises, y cuelan de ellos en el suyo; para conocer lo que fueron nuestros mayores, que se sitúe en la misma isla en el punto de *Saint-Anneland*. Que allí despues de hacer reconocer, como el comendador mayor lo hizo sin efecto á los capitanes Francisco de Aguilar Alvarado y Damian Morales con otros, el canal de legua y media de ancho que separa la isla de *Philippeland* de la de *Duveland*; ó bien despues de haberle reconocido por sí mismo y con gran riesgo cual si fuera el sargento Juan de Aranda ó el soldado don Francisco Maradas, que se figure que le dan un par de zapatos y unas alforjillas en que poner pan y queso para tres dias, y que oida una exhortacion del comendador mayor, pasa en una barquilla á

---

(1) Carnero lib. 2. cap. 7. pág. 55. Strada Decada 1. lib. 7.

la isla de ***Philippeland***: que en ella se considere ser uno de los seiscientos españoles de las compañías de Julian Romero, don Luis de Queralt y don Felipe de Bracamonte, que con algunos walones y alemanes detras, y don Juan Osorio de Ulloa á la cabeza, se echaron al agua á la baja-mar de la media noche anterior á San Miguel de 1575, y sumergidos hasta el pescuezo y alumbrados con la claridad y relámpagos de una aurora boreal, llegaron con felicidad á la otra orilla.

Para mayor admiracion, si como es de esperar se la inspirasen los lugares, aun sin necesidad de ensayar tales empresas, que no se olvide nuestro viajero, al referir la primera, de que Mondragon, asi que llegó á *Zuid-Beveland* no solo atacó á los holandeses, escoceses y franceses que tan apurado tenian á Pacheco, sino que los puso en fuga y mató en ella á mas de setecientos. Y al tratar de la segunda diga, que el esguazo se verificó por medio de la escuadra holandesa que con la artillería desde los buques, y con lanzas, garfios, y todo género de ofensas, se empeñaba en interrumpir el paso: que en él fue herido de un cañonazo y murió animosamente el mismo capitan Isidro Pacheco, exhortando á sus camaradas á que le abandonáran y no se detuviesen; que perecieron los mas de los gastadores, y que á don Gabriel de Peralta que con su compañía mandaba la retaguardia, le retiraron medio ahogado, y todavía le reprendió el comendador mayor: y que al amanecer en fin, al llegar don Juan Osorio al dique de *Duveland*, hallándele defendido por Carlos Boisot y dos mil enemigos mas, dadas gracias á la Vírgen é invocado Santiago, los atacó con veinte y cinco españoles todos mojados; y esa osadía los aterró en términos de que sin mas que una rociada de arcabuzeria se fugaron, y en la huida pereció Boisot con muchos de ellos.

Luego contará que al volver de ese ataque Osorio y los demas á juntarse con los que habian quedado en el dique, se hallaron con que habian llegado embarcados con alguna gente Sancho Davila, Cristobal de Mondragon y don Gabriel de Peralta. Todos, no obstante ser tan animosos, y habituados á no temer, dirá nuestro narrador que abrazaron á don Juan Osorio admirándose de que viviera; y en seguida resueltos á apoderarse de *Zirikcée* en la isla de *Schowen* ó *Schoweland*, Mondragon, á quien tocaba la vanguardia, fue el primero que, para pasar el canal de menos de un cuarto de legua que la separa de la de *Duveland*, se desnudó y entró en el agua seguido de dos mil soldados, y al llegar al lado opuesto dispersó á quinientos enemigos que pretendian disputarle el paso. Tras de eso contará, que no obstante ser la opinion de Mondragon y Sancho Dávila que antes de todo se debia tomar á *Zirikcée*, punto el mas importante de la isla, por deferencia á Osorio de Ulloa se fueron á tomar los fuertes de ella, y murió el buen don Gabriel de Peralta al asaltar intrépidamente el que llamaban de la *cabeza*, y el alferez Mendoza por su imprudencia en el de *Bomené*.

Aun acerca de este habrá todavía de decir, que habiendo su guarnicion rechazado el segundo asalto, y dádoles el tercero, admirado Sancho Dávila de que entre los españoles, ya dueños de un trozo de muralla, no hubiera ninguno que se lanzara adentro, pidió una rodela para hacerlo él mismo; pero que tomándole un mosquitero llamado Toledo y empuñando su espada, saltó inmediatamente al medio de los enemigos, y siguiéndole los demas acabaron con todos y quedaron dueños del fuerte al cabo de seis horas de combate. Eso no obstante, el comendador mayor reprendió muy de veras á don Juan Osorio por no haber sitiado inmediatamente á *Zirikcée*, y no que perdida la oportunidad y reforzada aquella plaza con las guarniciones de otros fuertes abandonados, y con algunos socorros en el intermedio, tardó nueve meses en rendirse.

Isla de Walcheren Middelbourg y Flesingue. XIV. A vista de tales hazañas, que aunque ligeramente reseñadas, bastan para inferir, que nunca tuvieron ni original ni copia (1), ya parece que nuestro viajante deberá pensar en su retirada. Podrá con efecto emprenderla harto de gloria y admiracion, si no buscáre mas que eso; y ¿quién sabe si no le obligará á ello el clima mismo de la Zelanda que tan febril es para todos en el estío, y que tan caro costó en otro tiempo á los españoles que acompañaron á aquella doña Juana llamada despues la loca? Sin embargo, como por grande que sea el acopio de gloria que haya hecho, y por mayor que todavía sea el ansia que tenga de espenderle en su patria, como aun quedan por aquellas islas puntos que conviene recorrer y examinar, procurará no salir de ellas, hasta no haber visitado por lo menos la de *Walcheren* Si lo hiciere, lo primero que de *Middelbourg*, cabeza de ella y de toda la

---

(1) Tan cierto es eso, que habiendo el duque de Parma intentado en 1588 el primer paso de Mondragon á Tergoes, cuenta don Carlos Coloma que á menos de doscientos pasos de tierra, fue menester que los maestres de campo don Sancho de Leyva y Camilo Capizuca retirasen la gente sin ir adelante, porque ya nadaba.

Zelanda, habrá de contar será que Felipe el hermoso ya rey de Castilla, por muerte de la bondadosa Isabel, al embarcarse para España en 1505, tuvo alli un capítulo de la órden del Toyson de oro, en que le confirió á aquel inícuo don Juan Manuel, que desertando la embajada de Viena, en que el Rey católico le tenia puesto, se fue á Bruselas á suscitar contra él aquella série de intrigas que provocándole á casarse segunda vez, estuvieron á pique de divorciar de nuevo á Castilla y Aragon, y de deshacer por lo tanto nuestra naciente monarquía española: y habiendo sido aquel don Juan el primero que, españolizado por decirlo asi el Toyson, se echó al pescuezo tan insignificante divisa ¿será estraño que nuestro viajante y otros digan que á recompensar deserciones y traiciones ó follonerías de corte é intrigas diplomáticas, pareció desde entonces destinada?

En seguida de eso referirá la defensa de *Middelbourg* por Cristobal de Mondragon, y como no obstante haberle llevado Sancho Dávila un socorro, y apoderádose de *Armuiden*, capituló al fin en Febrero de 1574 con anuencia del comendador mayor, y por hallarse tan apurado que segun don Bernardino de Mendoza en sus comentarios, habian muerto en la plaza desde Navidad á la rendicion mil y quinientas personas de miseria, y los soldados se nutrian ya con pan de linaza. A esas noticias históricas acompañará nuestro investigador las que adquiera acerca del cultivo de la granza, y principalmente de su comercio, que es considerable en *Middelbourg*; de los molinos de viento-sierras, ó sea de los serraderos de viento que allì son comunes para el mármol y maderas, cerrando finalmente su artículo con la indicacion de los demas objetos artísticos ó industriales que llamaren su atencion.

De Middelbourg pasará el viajante á *Ulesinghe* ó *Flesingue*. Este puerto considerable en la misma isla de Walcheren, y á la embocadura del Escalda quizás le inspire la idea de ¡en cuán poco está en el mundo, que una nacion suba ó baje, ó deje de existir como existia! Porque si por ejemplo se acuerda de la alta penetracion con que Alejandro Farnesio, ó sea el duque de Parma aconsejaba á Felipe II que «no habiendo en todos aquellos mares ningun puerto capaz de recibir bajeles de tan gran porte como los que habian de ir de España con la (invencible) armada, convenia antes de todo tomar á Flesinga" hallará, que si se hubiera hecho y reforzádose allì la armada con los buques y soldados de aquel famoso general, *á un tiempo quizás, se aseguraba la jorna-*

da de Inglaterra, y se tomaban en manos las riendas de los Estados rebeldes (1).

Por conocer los ingleses esa importancia, continuará diciendo nuestro narrador ambulante, que no solo escitaron y sostuvieron la revolucion de Holanda, y tomaron en rehenes á *Flesingue, Brielle* y otro puerto, cuando Leycester en nombre de la reina Isabel, fue mas bien á oprimir que á protejer á los holandeses: sino que desde entonces acá trabajaron constantemente, porque la embocadura del Escalda ó sea Flesinga no cayera en manos de una nacion fuerte. En prueba de ello citará, sin alargarse, la espedicion que, durante nuestra guerra con Napoleon, enviaron sin fruto á apoderarse de aquel puerto; y remontando al siglo XVII, deducirá del tratado de la *Triple-Alianza* que cuando ya no tuvieron que temer de la España, la protegian en la conservacion de aquellos países, para alejar á los franceses de ellos ó sea de Amberes y las orillas del Escalda.

La importancia de Flesinga, añadirá todavía, no se ocultó al duque de Alba en su tiempo. Asi fue que desde que llegó á los Paises-bajos, trató de asegurarse su posesion por medio de una ciudadela, que aun no

(1) Coloma. Guerras de los Estados-bajos, lib. 1.

estaba acabada al apoderarse los rebeldes de *Brielle* en 1572, y comenzar su segunda revolucion: por lo cual sucedió pocos dias despues, que escitados los habitantes de Flesinga por su propio cura en un sermon, y aprovechando la ocasion de haber salido los walones de su guarnicion á buscar víveres en las cercanías, se amotinaron contra los pocos españoles que allí estaban, ó iban á preparar alojamiento para alguna gente que el duque de Alba enviaba, y ahorcaron sin piedad al capitan Alvaro Pacheco, que tuvieron por pariente suyo. Desde entonces ya no volvió Flesinga á los españoles: y el nuestro concluirá sus noticias históricas indicando las veces y reveces que Carlos V y Felipe II se embarcaron allí para España, ó desembarcaron de ella, y como se fue á fondo con trescientos holandeses el galeon San Mateo, que habian cogido despues de bien defendido en la dispersion y combate de la invencible armada, por haberse cuidado mas de vaciar los toneles de vino de Rivadavia que hallaron en él, que de cerrarle las grietas abiertas por los cañonazos.

Tras de eso, y como que *Flesinga* es una de las primeras estaciones ó departamentos de la marina holandesa, vendrá bien que nuestro viajante, que no habrá dejado de visitar sus diques, arsenal y almacenes, y de informarse de cuanto concierna á su administracion y direccion en general, y á la dotacion, armamento y construccion de sus buques en particular, refiera con la mayor puntualidad todo cuanto acerca de eso hubiere llegado á aprender.

GERTRUINDENBERG STEENBERGEN Y BREDA. XV. Sin estar en las mismas islas de Zelanda, no es fácil decidir por donde saldrá el viajero de ellas para *Breda*, que un cuadro del Museo de Madrid, una comedia de Calderon, y otros recuerdos le incitarán á visitar. Acaso le acomode dar la vuelta por *Berg-op-zoom*, ó dirijirse tal vez por *Gertruindenberg* (plaza entregada ó vendida al duque de Parma en 1588 por la guarnicion inglesa, y tomada en 1593 por el príncipe de Orange, sin que los españoles ó católicos la pudieran socorrer) y ¿quén sabe si quizás no preferirá pasar por *Steenbergen*?

Si se decidiere por lo último, es de esperar que no se olvide de que alli en 1583, zurró bien y muy bien la badana el duque de Parma al mariscal de Biron, y á los franceses, flamencos y escoceses que mandaba. Dirá con este motivo que aunque les cojió veinte y ocho banderas y dos estandartes, valia mucho mas que todo eso don Carlos de Meneses, capitan muy valiente y estimado que murió en aquella batalla, en la que hubo muchos que se distinguieron, pero principalmente don Agustin Mesía con sus lanceros, don Sancho de Leyva con sus corazas, y don Carlos de Luna con sus arcabuceros á caballo. Como cosa particular dirá tambien que no solo cargaron con brio al enemigo, sino que antes tuvieron que hacerlo contra los propios criados del ejército, que por haber comenzado á robar antes de tiempo, introdujeron alguna confusion en él. A eso añadirá que don Francisco de Bovadilla con su tercio contribuyó en gran parte á tomar á *Steenbergen* en 1590, cuando el conde de Mansfeldt, que mandaba el ejército católico, quiso recuperar á la recien perdida *Breda*; en cuyas cercanías, sea cual fuera la direccion que nuestro viajero hubiere seguido, hallará al ver esplotar la turba, una bella ocasion de estudiar é indicar la calidad y orígen de aquel combustible, y el provecho que se saca de él, asi en los usos y necesidades domésticas, como en algunos ramos de industria.

Entrado en la ciudad y plaza se acordará desde luego y repetirá á su tiempo, que en ella tuvo en 1566 la nobleza flamenca la primera junta, en que se formó el primer *compromiso* ó confederacion, para impedir la entrada de la inquisicion en Flandes: junta en que aquellos liberalotes confederados dijeron que para salir con su intento, contaban no con el espíritu nacional é independiente del país, sino con el potaje auxiliar de algunos príncipes estranjeros, de algunos del Toyson, y de algunos *abades* (1). En seguida y despues de bien examinadas las murallas, se deberá acordar y referir la entrega de aquella plaza á los Estados en tiempo de don Juan de Austria; el modo con que la tomaron el duque de Parma por inteligencia y sorpresa en 1581, y el marques de Spínola por rigoroso bloqueo en 1625, y principalmente el arrojo y valentía con que en el intermedio, es decir en 1590, la tomaron y sorprendieron algunos holandeses disfrazados en carboneros: sorpresa por la cual algunos capitanes de la guarnicion que era italiana, fueron degollados en Bruselas, que nada menos que eso se creia entonces que merecian los que se dejaban sorprender ó no se defendian bien.

A continuacion podrá tratar de Luis Vives que alli comentó las geórgicas de Virgilio: de un bello monumento erijido á Engleberto de Nassau, y atribuido á Miguel Angel, que se encuentra en la iglesia protestante; y finalmente y con mas cuidado de un buen colegio ó academia militar desti-

(1) Strada. Década 1, lib. 5.

nada á la Artillería, Ingenieros y *Waterstaat*, ó sea caminos y canales, que el gobierno holandes mantiene y con buena direccion en aquella plaza. Concluido eso, si el viajante quisiere visitar las colonias de beneficencia, ó sea las colonias de mendigos establecidas en *Wortel*, que se dirija á *Turnhout*, tomado en 1592 por Cristóbal de Mondragon, y bien defendido en 1593, de una sorpresa intentada por la guarnicion de Breda, por don Alonso de Idiaquez, don Carlos Coloma, don Luis del Villar, don Felipe de Robles y Felipe de Soria. Pero si convencido por lo que en el país le dirán, de que aquellas colonias agrícolas no han correspondido á su objeto, renunciare á examinarlas, en tal caso será mejor que siga recto á *Amberes* por los berezales y valdíos del Brabante septentrional.

AMBERES. XVI. Si cuanto en *Amberes*, *Anvers* ó *Antwerpen* se roza con nuestra historia política, militar, literaria, mercantil y aun religiosa, intentare nuestro viajante referirlo con alguna estension, sin duda que necesitaria volúmenes. Uno solo acaso no bastase para lo concerniente al castillo ó ciudadela levantada por *Fernando, Toledo, Duque* (de) *Alba*, que con el del ingeniero *Paccioto*, son los nombres de sus cinco baluartes, y mas si se agregaba la biografia de sus insignes castellanos ó gobernadores Sancho Dávila, Cristóbal de Mondragon, don Agustin Mesía, don Iñigo de Borja etc. Algo con todo se ha de referir de ella; porque ¿como en tiempos de valor tan insípido ó tan calculado, olvidar lo que en 1576, cuando los Estados del país declararon rebeldes á todos los españoles, por que no reconocian su autoridad, hicieron algunos de estos que por falta de pagas se habian amotinado, y apoderádose de *Alost*?

Contará pues nuestro narrador que, hallándose Sancho Dávila y la poca guarnicion española de la ciudadela sitiados por los habitantes de la ciudad y por cuatro mil alemanes y nueve mil walones, envió al contador Alameda á instar á los amotinados á que fueron á su socorro y que ellos no haciendo caso ni de esa ni de otras instancias, se mantuvieron tranquilos, hasta que con motivo de una valiente salida del capitan Gaspar Ortiz á reconocer las trincheras de los sitiadores, el ruido de la artillería, como dice Antonio Carnero, y la fama de lo que ocurria, los avergonzó y llenó de remordimiento. Resueltos á ayudar y amparar á sus compatriotas, continuará el nuestro, que partieron animosos de *Alost* á las tres de la mañana del 18 de noviembre, y que á las ocho entraron en la ciudadela acompañados de don Alonso de Vargas, Antonio de la Olivera, y Julian Romero, que con sus gentes iban á ella y por casualidad se encontraron en el camino: que Sancho Dávila les rogó que se reposaran y comieran, y que otros capitanes les dijeron que antes de acometer á las trincheras, aguardasen á que la artillería las batiese algun tanto; pero que nuestros amotinados respondiendo intrépidos que estaban determinados *á comer en el paraiso ó á cenar en Amberes*, hecha oracion segun costumbre, y guiados de Juan de Navarrete, natural de Breza, que llevaba una bandera con un cristo, arremetieron con tal ímpetu la trinchera de la calle de San Miguel, que la ganaron y penetraron en la ciudad espantando, asombrando y pegando fuego á la casa consistorial por haber herido desde ella al capitan Damian Morales, y no detenerse á combatirla, y dando al fin lugar á que Julian Romero entrara por la calle de San Jorge, y luego Vargas y Olivera con la caballería. En tan estraordinaria empresa intentada con solos seiscientos caballos, ochocientos alemanes, y cuando mas dos mil españoles, concluirá el viajante, que no es decible lo que en gentes y en bienes perdieron los enemigos, habiendo solo faltado de los vencedores el Juan Navarrete, que como buen alferez subió el primero con su bandera á la trinchera y murió en ella, catorce soldados mas y veinte heridos, entre ellos los capitanes Morales ya dicho, y don Manuel Cabeza de Vaca.

En seguida se habrá de tratar del memorable sitio que el duque de Parma puso en 1584 á la ciudad de Amberes: de su entrada triunfante en ella en 1585, y de varios otros acontecimientos militares asi en sus inmediaciones como en el rio Escalda. Diráse algo tambien de la parte tan activa que tomaron sus habitantes en la revolucion contra Felipe II, como últimamente contra Guillermo de Orange, habiendo sido iguales en ambos tiempos sus pérdidas; referiráse como les estimulaba á eso desde Constantinopla un judío español llamado Miches ó Micheas, el cual les ofrecia si se rebelaban grandes auxilios del gran turco (1); y en este particular no se olvidará por último el celo que mostraba por el calvinismo un comisionista español rico llamado Marcos Perez, que hasta trajo á su costa de la Suiza predicantes para que disputáran con los luteranos ó calvinistas.

Pero lo principal ha de ser tratar de los progresos mercantiles de Amberes en la

---

(1) Strada. Década 1. lib. 5.

primera mitad del siglo XVI, y de lo que á ello contribuyeron las familias de Diego de Aro, Diego de Sanian, Hernando de Bernuy, y muchas otras españolas, que á principios de aquel siglo, y por haber cambiado el comercio con las descubiertas del Asia y América, dejaron á *Bruges*, por establecerse en Amberes. Se tocarán al mismo tiempo los beneficios que le procuró Felipe II con la paz hecha con Francia á principio de su reinado: se esplicarán los artículos de comercio que entonces recibia de España, ó vice-versa y se los comparará con los que forman el tráfico presente, manifestando por último el que existe con nuestras Antillas, y sobre todo el que pueda existir con las *islas Filipinas*, cuya escelencia mercantil aprecian como merece los estraños y se empeñan en ignorar los propios.

A tan útil relacion deberá seguir la de los varios objetos curiosos ó artísticos, que en Amberes llaman la atencion de un viajero y mas siendo español. Asi es que si dirigiéndose á la catedral, cuya torre afiligranada es una de las mas altas (1) y bellas de Europa, y despues de admirar como merecen el altar de mármol y los magníficos

(1) Tiene 466 pies de altura, y 622 escalones para llegar al último descanso.

cuadros de Rubens, especialmente el del *Descendimiento de la cruz*, se encontrase en una capilla con la sepultura y epitafio del famoso impresor *Plantin*, no tanto se acordará de los correctos breviarios y misales que salian de su imprenta y tan buscados son de nuestros eclesiásticos, sino de que en ella se imprimió la gran *Biblia Polyglota* que costeó Felipe II, y vigiló el sabio Arias Montano; y eso tal vez le induzca á manifestar como aquel monarca favoreció la tipografia en los Paises-bajos, y que no obstante haberse impreso en ellos entonces y despues casi todos nuestros libros, son con todo en el dia muy raros.

Si de la catedral, y pasando aqui por alto otras iglesias, se trasladare el curioso á la parroquia de Santiago á saludar á Rubens en su sepulcro y en su retrato transformado en San Jorge, asi como para admirar otros cuadros, altares y esculturas, obra de otros insignes maestros de aquella ciudad; unas tablas de mármol á la entrada del coro le anunciarán que alli fueron enterrados varios españoles, del apellido algunos de Carrillo, Duarte, Palma y Montesinos. Y si por último y por abreviar, se trasladase al Museo para examinar y apreciar tantas pinturas como alli hay de Quintin Metsys, de Brawels, Crayer, Ruben, Vandick, Oto-Venius y otros, note con placer los bustos de los marqueses de Leganés y Caracena, colocados á la entrada, por haber protejido especialmente la pintura en el tiempo que gobernaron los Paises-bajos.

Malines. XVII. De Amberes saldrá nuestro peregrino patriota para *Malines*. Si en el camino, no satisfecho todavía de proezas militares, le pareciere poca cosa no hallar ninguna memorable hasta *Walhem*, en donde Julian Romero y don Bernardino de Mendoza derrotaron en 1576 el primero á los walones y el segundo á Mr. de Ferri ó Hierges, desalojándole de su posicion sobre el rio *Nethe*, sálgase un poco del camino por el lado que quisiere. Si fuere por la izquierda, allí cerca en el llano descubrirá á *Liére*, que entre varias andanzas militares le recordará la valentía con que don Alonso de Luna y Carcamo la defendió en 1595 de un ataque y tentativa nocturna de los holandeses. Si torciere á la derecha, ya se encontrará con *Saint-Bernard*, de cuyo fuerte, derrotadas las tropas de los Estados, se apoderó el maestre de campo Francisco Valdés en 1576, ó bien con *Willebroeck*, cuyo fuerte fue tomado en 1584 por una parte del tercio de don Agustin Iñiguez, y en cuyas inmediaciones ocurrió en 1579 una cosa estraordinaria. Porque, habiendo ido á la descubierta el teniente Juan de Contreras Gamarra, y desbaratádole los enemigos que de sus resultas sorprendieron y asolaron el campo español; el teniente García de la Olivera, reuniendo los dispersos que pudo, les arengó, y se *desabotonó*, dice la historia, *para mostrarles que no llevaba mas armas que la gola, y que sin embargo si le seguian, él seria el primero que envistiese con los enemigos*; y ejecutado como lo propuso, no solo perdieron mas de 1500 hombres, 700 caballos y las banderas y estandartes cojidos en el campo español, sino los suyos propios, admirándolo todo el ejército y espresándolo asi el duque de Parma en la patente de capitan, que mandó espedirle.

Ya en *Mulines* puede el viajero, si gusta, comenzar su narracion por la prision que allí sufrió el Landgrave de Hesse, preso con el elector de Sajonia, en *Mulkaussen* sobre el Elba en la batalla ganada en 1547 por Carlos V y el duque de Alba. Si no quisiere ir tan atras, la podrá principiar por el saqueo que padeció en 1572, por haberse obstinado en no abrir las puertas á don Fadrique de Toledo, hijo del duque de Alba, y á sus soldados, sino antes bien haberse resistido y herido desde las murallas; y si tubiere empeño en describir un buen saqueo, no tiene mas que hacerlo del famoso que en

1580 sufrió *Malines* de los ingleses, de resultas de haberse declarado por el rey y por don Juan de Austria su teniente.

Aun hay alli otras ocurrencias ó militares ó políticas, que pueden ocupar al viajante, si su empeño fuere no olvidar ninguna. Mas en *Malines*, despues de anunciar la multitud de *cabarets* ó tabernas de cerbeza que por todas partes se encuentran, y de decir algo de aquellas randas y encajes, que tan caros costaban á nuestras mayores, y cuya fabricacion ha menguado con la razon y con la moda, en lo que mas deberá detenerse nuestro observador, será en la esplicacion de la actividad y movimiento eclesiástico, que por todo el pueblo advertirá. Aquella ciudad es con efecto la metrópoli ó sede primacial de toda la Bélgica, y lo fue de todas las provincias de los Paises-bajos en el tiempo en que Felipe II siguiendo el proyecto de su padre, la instituyó á una con los demas obispados de ellas; y como esa institucion examinada en el fondo le parecerá justa, económica y acertada, y que por tal la tienen aun los mismos escritores protestantes, inferirá que aquel prudente monarca, lejos de abrigar los proyectos de inquisicion y otros atrozes, que ligeramente se le imputaron, solo trató de conservar la religion, por unos medios que los españoles deseaban, y que acaso el desbarate de los flamencos impidió que lo alcanzasen. Deducirá tambien que su intento, al separar aquellos pueblos de la varia y desemejante jurisdiccion eclesiástica de los obispos estranjeros de *Munster*, *Colonia*, *Treveris*, *Liege*, *Rheims* etc, antes fue de darles alguna consistencia y unidad nacional cuando se diferenciaban hasta en el modo de contar los años, que de atropellar, cómo se supuso, las leyes y libertades.

De ahí pasará á manifestar la parte activa, que el clero secular y regular tomó de resultas de eso en la revolucion que sobrevino luego; no dejando de advertir que ignorante y desenfrenado, y temiendo mas la reforma de sus costumbres, que la ruina con que el *protestantismo* le amenazaba, se asoció á los novadores religiosos, á unos nobles corrompidos y entrampados, y á la gente mas alborotada y baladí, y contribuyó de ese modo á un trastorno de que él y la iglesia fueron al fin las mayores víctimas. Otro tanto podrá decir, que le sucedió no ha muchos años, cuando falto de prevision para apreciar las reformas del emperador Jose II, se opuso á ellas y se alzó contra él, para caer acto continuo en la red de la revolucion francesa, que acabó con él y con cuanto tenia. Dicho lo cual, entrará á tratar de la catedral de *Malines*, y de la universidad que con el nombre de *católica* y absoluta independencia de la autoridad civil, están allí fundando los obispos, ayudados con los donativos del clero y de la gente devota: del clero belga, tal cual se halla organizado en el dia; de sus pretensiones, tendencia y dotacion civil ó sea presupuesto por no haber diezmos, y de la multiplicacion de conventos de ambos sexos por consecuencia de la revolucion de 1830; despidiéndose con eso para *Bruxelles* ó Bruselas, como la llaman nuestras historias.

Bruxelles ó Bruselas. XVIII. Entre las dos ciudades y á su tránsito, á menos que el viajante no quiera visitar, si antes no lo hubiere hecho, el campo de *Rimenant* apartado del camino y á orillas del rio *Demer*, campo en que sin mas vencidos que los muertos de ambas partes combatieron briosamente don Juan de Austria por el Rey, y el conde de Bossu por los Estados, lo mas notable que hallará en cuanto á recuerdos históricos, será *Wilvorde*. Su castillo tomado en otro tiempo por el duque de Parma Alejandro Farnesio, que en *Rimenant* peleó con una pica como soldado, está hoy convertido en cárcel ó prision de rematados, que merece verse, y cuyo régimen y administracion podrá referir al paso, ó reservarlo tal véz mejor para cuando trate del orden judiciario, ó de los tribunales del país.

Pasado el canal, concluido en tiempo de Felipe II, y costeándole por su izquierda para ir á Bruselas, observará el viajante á su derecha y al paso muchos jardines plácidos, árboles frondosos y hermosas quintas, entre las que sobresale la de *Laecken* por su elegante simplicidad y situacion. Como que Napoleon posó en ella alguna vez, y allí firmó orgullosos decretos, y como que antes de deshacerse el reino de los Países bajos, perteneció al rey Guillermo, y hoy á Leopoldo, que se confiesa rey elejido por el pueblo; este pasage rápido de la quinta por tantos poseedores régios, y en nuestros mismos dias, puede suscitar alguna reflexion política; en pos de la cual y á vista de la belleza y apacibilidad de *Laecken*, no venga mal agriarse contra el pésimo gusto y despilfarros de los que en España cuidan ó dirijen las quintas, sitios ó jardines reales.

Mientras tanto, y siempre por un camino muy poblado de hayas, y con el canal á un lado, y jardines, cafés y *cabarets* al otro, llegará el viajante á la capital hoy de la Bélgica, y en otro tiempo residencia de los gobernadores españoles. Entrado y establecido despacio en ella, aunque oiga hablar frances, walon ó flamenco, y que ninguna noticia tenga de nuestra historia, las mantillas que como en *Malines*, *Amberes* etc. verá en las mugeres del pueblo, y en otras que quieren correr aventuras; las calles de *Salazar* y *Villahermosa*; el hospital *Pacheco*, la carcel del *Amigo*, el epitafio en castellano de un tal *Arrazola Oñate*, en Santa Gudula, y otros en otras iglesias, y finalmente hasta el nombre de *Faro*, que yendo de Portugal dieron nuestros soldados á cierta especie de cerveza; todo eso y mucho mas le persuadirá de que debieron existir muy íntimas relaciones entre aquel pueblo y su patria. Esplicarlas todas con sus antecedentes y consecuentes seria cosa de nunca acabar, y transformarse nuestro viajero en verdadero analista ó comentador; y omitir lo que en nuestra historia ocupa un lugar cual la peregrinacion de los cortesanos y pretendientes, muerta la reina Isabel, á Bruselas (1), la renuncia de Carlos V, es-

(1) Si el viajante fuere miliciano nacional, podrá tambien recordar y referir en el artículo de Bruselas, que habiendo el cardenal Cisneros publicado una ordenanza mandando armar á las ciudades de Castilla lo que entonces se llamó infantería, y hoy llamaríamos milicia nacional, los grandes intrigaron en todas partes para que no se verificase. Imagináronse que el cardenal queria armar la gente comun para dar tras ellos, y quitarles las alcabalas

pecialmente la de los reinos de España en una *casa pequeña, que tenia junto al parque*, y la revolucion que en tiempo de su hijo, y en nombre de la libertad, emprendieron en aquella ciudad *frá le vivande é il vino*, entre el vino y las tajadas, como dice Bentivoglio, algunos nobles tan bajos y venales, que para salir de su abyeccion y deudas, hubieran en opinion de Grotius y otros, clavado el puñal aun en el seno de la patria; seria descuidar en su verdadero sitio unos recuerdos políticos, que jamas debemos olvidar. Indicarálos pues nuestro narrador, junto con algo concerniente al poco estudiado gobierno del Duque de Alba, de quien en medio de sus declamaciones ha dicho al fin el aleman Shiller, que *por cada*

---

y lugares, que en opinion de él tenian usurpadas á la corona; y tanto hicieron en Valladolid el almirante de Castilla y el conde de Benavente, que aquella ciudad no contenta con haber puesto preso alborotadamente al capitan Tapia que iba á regimentar la infantería, envió á continuacion, en el mismo año de 1516, un propio á Bruselas quejándose á Carlos V de la ordenanza, que por mandato suyo desde alli, no fue adelante: *que si fuera*, dice el P. Sandoval y es muy digno de notarse, y *los oficiales supieran que cosa era la pica, el arcabuz, el atambor, la vela y todas las demas cosas de la disciplina militar, el reino se hiciera inespugnable, y en los levantamientos con las armas de las comunidades, no se si hubiera fuerzas para los vencer y allanar.*

victima que sacrificaba, ganaba diez partidarios por las que dejaba escapar (1); y pasando de eso y de varios otros acaecimientos ya militares ya políticos, á cosas tocantes á nuestros antiguos usos, gustos, educacion y literatura, podrá alli acordarse y referir multitud de ocurrencias de ese género que no se tienen en el dia muy presentes.

Asi que comenzando por los torneos, que tan en voga estuvieron en el siglo XVI, no solo recordará el viajante las justas en que, en 1516, al proclamar á Carlos V en Bruselas se distinguió Don Luis de Córdoba hijo del conde de Cabra, sino con mas particularidad las de los años de 1549 y 1550, con motivo del viaje del Príncipe Don Felipe, de que ya se dió algun indicio en Gand. En las del año de 1549, y sobre todo en la que se tuvo en el parque en un domingo del mes de mayo dirá, cómo fueron mantenedores Don Alonso Pimentel y Don Gaspar de Quiñones, los cuales pusieron en un aparador ricas piezas de plata y joyas de oro, entre las que cada caballero aventurero que queria justar, elegía la que le acomodaba, y depositando el valor de ella en manos de los jueces, justaba cuantas veces le conve-

(1) Histoire du soulevement de Païs. Bas. lib. 4. Du gouvernement du Duc d' Albe etc.

nia; y habiéndolo hecho Felipe II y ganado un precio, añadirá nuestro relator, que con su galantería habitual se le envió á una dama.

Todavia dirá, que fueron mas comunes esas fiestas en 1550, y contará no solo la justa y escaramuza á caballo que hubo en mayo de aquel año en el parque, entre cuarenta caballeros, cuyo capitan era Garcilaso de Portocarrero, y otros cuarenta, de quien lo era Don Alvaro Portugal Conde de Gelves, sino las que en el mismo parque sostuvieron Rui-Gomez de Silva en el primer domingo de cuaresma, y Don Alonso Pimentel en el carnaval (1). Y como muestra de los regocijos á que en éste se entregó la Corte, presentará el viajante el festin en que entraron enmascarados y vestidos de frailes el Marques de Pescara, el Conde de Cifuentes, y el de Castañeda, el Comendador mayor de Alcántara Don Alonso de Aragon, Don Pedro de Guzman y Don Alonso de Silva, y detras dos sacristanes con roquetes y comparsas de cantores que iban á enterrar al amor, cuyo cuerpo pusieron enmedio de la sala, cantándole en seguida algunos versos de Boscan, y por responso aquellas lec-

(1) Calvete de Estrella, lib. 2. y 4. etc.

ciones de Garci-Sanchez de Badajoz que dicen:

Perdóname amor, amor,
que mis dias no son nada,
pues al fin de la jornada
me tratas con desfavor.
Dime que cosa es el hombre,
por qué tanto le engrandeces,
ó por qué le favoreces
con las sombras de tu nombre? etc.

Luego dirá, que durante la cuaresma se ocupó la Corte en oir los sermones de los predicadores que la seguian, sobresaliendo entre ellos el Comisario Fr. Bernardo de Fresneda, el Doctor Constantino que, preso despues por la Inquisicion de Sevilla y muerto en ella, salieron sus huesos y fueron quemados como de luterano en un auto de fe de 1559, y el Dr. Agustin Cazalla, que aunque escelentísimo teólogo y hombre de gran doctrina y elocuencia, en opinion de Calvete de Estrella, fue tambien quemado como luterano en Valladolid en el mismo año.

A continuacion de esas noticias puramente españolas, la emprenderá el viajante con la ciudad de *Bruselas*, describiendo cual lo merecen su museo de pinturas, su jardin botánico, y observatorio astronómico, su gabinete industrial, y sus bibliotecas. En la pública sobre todo y antes de dar razon de sus particularidades literarias ó bibliográficas, y de que la fundó Felipe II, dirá que saludó con grandísimo placer en la sala del bibliotecario, el busto de su compatriota Don Carlos de la Serna y Santander natural de Colindres, cuyo mérito y escritos bibliográficos todos en frances, apenas son conocidos en España. Con uno de ellos en la mano, ó sea con una curiosa *Memoria* que escribió sobre el archivo ó biblioteca de los Duques de Borgoña, que alli está contigua, pasará en seguida el viajante á visitar aquel precioso depósito, en el que entre varias cosas raras é ineditas se hallará con un bellísimo manuscrito en pergamino de la Ciropedia, traducida en frances y dedicada al Duque de Borgoña Carlos el temerario por el portugues Vasco de Lucena, á quien Olivier de la Marche su contemporáneo elogia altamente.

Pero en aquel archivo ó biblioteca hay ademas otro manuscrito, que aunque mas moderno y de menos lujo en la escritura, es de infinito mayor precio para un español. Redúcese al viaje que Felipe el hermoso, y la infanta Doña Juana su muger emprendieron en 1501 desde Bruselas, para ser en España reconocidos y jurados herederos y sucesores de los reyes Fernando é Isabel. Su autor Antonio de Lalaing, caballero del toison y primer Conde de Hogstraeten, instruirá á nuestro curioso investigador de la turba de Señorones que, con la gerigonza de *Maistre d' hotel*, *echanson*, *ecuyer tranchant*, *panetier*, *sommelier du corps* etc. etc. acompañaron á aquellos príncipes. A vista de esa nomenclatura, y acordándose de que á mitad de aquel siglo y despues, se quejaron los españoles de que Carlos V pusiera á Don Felipe su hijo casa á la borgoñona desautorizando á la castellana, que por sola su antiguedad se debia guardar, y mas no teniendo nada de Borgoña los reyes de Castilla (1), no hará mal el viajante en indicar que, puesto que

mal entre godos capacetes
parecen, Galceran, tocas judías,

seria bueno que, por respeto á la nacionalidad y acaso por razones de economía, se sostituyesen en nuestra casa real, á los nombres y etiqueta de la de Borgoña lo que estuviere mas en armonía con la historia, la lengua y la sencillez castellana, mayormente hallándonos con una reina en edad propia para reformas.

En el mismo manuscrito encontrará tam-

(1) Sandóval lib. 30 §. 5. año de 1548.

bien nuestro viajante varias noticias ya políticas ó ya de costumbres españolas, que no dejarán de interesarle. Allí verá por ejemplo, que los de Burgos, al llegar los Príncipes, les cerraron las puertas, y no quisieron admitirlos en la ciudad, si primero no juraban sus fueros y privilegios, y que escandalizado Felipe de que en Castilla hubiera tantos moriscos, á pesar de haberle dicho, que enriquecian el erario con un escudo de oro anual que cada uno pagaba, habló tanto y tal, que la reina *pour complaire à Monsieur*, mandó cuatro ó cinco meses despues que los moros salieran de sus dominios. Allí aprenderá igualmente cuál fue la sorpresa del caballero Lalaing al ver en Toledo la destreza con que una señorita muy linda sabia contentar á tres galanes á un tiempo, guiñando al uno, hablando al otro, y poniendo al tercero la mano en el hombro; y finalmente al contar eso podrá añadir la novedad, que en el mismo manuscrito se dice que causó á los vizcainos ver por la primera vez un coche atravesando las asperezas de su país, y la que por el contrario causó al observador flamenco el saber que los vizcainos no tenian entonces obispo ni querian tenerle, y estaban tan emperrados en eso que *si se le hubieran puesto le habrian muerto* (1)

(1) Hé aqui el testo original para satisfaccion de los

Esta noticia que las tradiciones del pais y aun algun testimonio histórico confirman, no dejará el viajante de advertir, que quizás escandalice á los que sin escudriñar bien lo pasado en otros tiempos, blasfeman de los presentes y se obstinan en que no tuvieron iguales en impiedad y corrupcion. Sin embargo, para disuadirlos de su error, y para hacerles ver que si en el dia hay cosas pésimas y estravíos muy reprensibles en las opiniones y en los gobiernos, no habia en los de antaño y en materia de costumbres tanta pureza como se cree al leer ciertas relaciones ó las vidas de los santos, añadirá que todo eso pasaba en España cuando los burdeles, lupanares ó mancebias estaban autorizados, y en Valencia habia uno tan famoso que por yogar en él *se pagaban cuatro dineros de aquella moneda, al paso que en Castilla no se pagaba por toda una noche mas de cuatro maravedís, de los cuales co-*

---

curiosos. *La coustume* (des Biscayens) *est qu' ils n' ont eveque en leur pays, et n' en voelent avoir, si l' on en y mettait, ils les occiroient....... Monseigr. de Boussut, qui est chose digne de memoire, fist passer sa charrette oultre les montagnes de Biscaye, ce qui jamais n' avait este veu de souvenance d' homme, dont les paysans qui jamais n' avoient veu charrettes en leur marche, furent tant esmerveillés que rien plus.*

braba el gobierno la alcabala ó diezmo como de las demas mercancias (1).

En seguida de esas y otras noticias literarias y artísticas recogidas á la vista de los objetos é institutos á que se refieren, pasará el viajante á dar alguna idea de la industria de Bruselas. Por supuesto que no será de la que producia aquel paño, que la ordenanza de Toro ya citada en Gand, mandaba que *ningun home sacase si no fuere para tomar infanzona ó venir al rey*; porque allí

(1) *En ce lieu sont trois ou quatre rues pleines de petites maisons ou en chascune a filles bien gorgiasés, vestues de velours et de satin. Et sont de deux à trois cents filles: elles ont leurs maisonoelles tendues et accostrées de bons linges. Le taux ordonné est quatre deniers de leur monnaye les quels à nous valent un gros. En Castille ne payent que quatre malvidis dont se prend le dixiesme denier, comme des aultres choses cy aprés declarées et ne peut-on plus demander pour la nuit. Tavernes et cabarets y sont. On ne peut pour la chaleur, si bien veoir ce lieu de jour que on faict de nuict au soir, car elles sont lors assises à leurs huys* (puertas) *la belle lampe pendante emprés d' elles pour les mieux veoir à l' aise. Yl y a deux medecins ordonnés et gagiés á la ville pour chascune sepmaine visiter les filles á savoir si elles ont aulcunes maladies, pocques* (bubas) *ou aultres secrettes pour les faire widier du lieu. S' il y en a aulcune malade de la ville, les seigneurs d' icelle ont ordonné lieu pour les mettre à leurs depens et les foraines sont renvoyées ou elles voelent aller. J' ay ci escrit pour ce que je n' ay oui parler de mettre telle police en si vil lieu.*

no hay fábricas de paño ni de otros artículos en grande; ni menos tratará tampoco de lo concerniente á modas y otros objetos de uso y consumo propios de todas las capitales, sino de la tipográfica ó sea de la relativa al tráfico de libros llamada comunmente imprenta y librería. Tan adelantado y tan espedito podrá concluir que está ese ramo y tan digno de ser examinado, que en este mismo año se ha visto llegar de París á las once de la mañana un libro en octavo bastante voluminoso, y aparecer reimpreso, encuadernado y dado á leer á las siete de la tarde. Todo eso dirá que se dirige á *contrahacer*, como en otro tiempo se contrahacian los españoles, los libros ó romances franceses, así que se anuncian ó publican, bien sea para enviarlos de contrabando á Francia, ó venderlos mas baratos en el estrangero, ó bien para contentar inmediatamente en el país á los lectores ó lectoras frívolas y amigas de las *novedades*, que alguna vez pudieran llamarse inmundicias *literarias*.

Concluido todo eso, entrará el viajante en un campo mas vasto, cual será el examen ó esposicion del estado actual del nuevo reino de la Bélgica. Principiará como es regular, por su constitucion política, fundada en ámplios principios de libertad; y como que el clero ha contribuido eficazmente á ella, y que alguno de sus individuos, en el congreso que la formó, no temió declararse republicano por una parte y ultramontano por otra, indicará que el artículo al parecer tan racional y tan justo de *tener los belgas el derecho de asociarse sin necesidad de ninguna medida preventiva*, ha resucitado por de pronto los frailes, los jesuitas, y las monjas de todas especies, que era lo que el liberalismo eclesiástico iba buscando. La emprenderá en seguida con el régimen gubernativo en todos sus ramos, y espondrá la organizacion especial de cada uno de ellos, deteniéndose con cuidado en lo que toca á la administracion provincial y municipal, que es mucho mas libre y mas perfecta que en Francia, y asi ha producido y produce mucho mayores y mejores resultados; y espuesto y esplicado cual conviene todo el sistema político y administrativo, se trasladará á *Lovayna ó Louvain.*

LOVAYNA Ó LOUVAIN. XIX. Mas antes de emprenderla con aquella ciudad, convendrá que el viajero haga alguna observacion acerca de la puerta de su nombre por donde saldrá de Bruselas. No á la verdad porque tenga que admirar arcos tan mazacotes y costosos, como los que en Madrid y en otros pueblos de España, privan á los forasteros de vér cuanto antes la ciudad que desean, y á los habitantes de la vista del campo, siempre vária y agradable ó sana; sino por su sencillez. Tal dirá que es esta, que sin mas que unas rejas de hierro apoyadas por una parte en los estremos de las tapias que ciñen la ciudad, y por otra en unas casitas exágonas ú octógonas con su peristilo para los guardas y demas empleados, produce el mejor efecto con la seguridad necesaria. Por esa razon gritará claro y alto contra los ayuntamientos que en su patria y con ridícula vanidad ó insensatez gastan en recrear un instante la vista de los entrantes ó salientes de sus pueblos, lo que empleado interiormente alargaria la vida dándole mayor comodidad y descanso; y dicho esto como es justo con indignacion y enfado, comenzará á describir á *Lovayna* con los mismos versos latinos, con que en 1529 lo hizo el portugués Resende, porque todavia le convienen. Luego tomando de algo atrás la historia, contará que alli se educó Carlos V, bajo la férula del célebre Adriano Florent, que de hijo de un tejedor de Utrecht, llegó á ser regente de Castilla, obispo de Tortosa, inquisidor general, y por último papa. De tan famoso flamenco añadirá, que no solo se opuso á que su alumno Carlos cumpliera la reforma de la inquisicion, que bajo su palabra, y lo que es mas, por dinero, habia prometido á las Cortes de Valladolid, Zaragoza y Cataluña en 1518 y 1519, sino que ambos fueron los que en 1522 la establecieron en Lovayna, antes de que naciera aquel demonio de Felipe II, á quien cuarenta años despues imputaban aquel proyecto. Como en Flandes y en otras partes hay muchos distantes de creerlo, citará nuestro narrador algunas bulas que lo aseguren, y aun algunos autos de fe en el mismo Lovayna, Bruselas y otros pueblos, sin olvidarse del historiador de la inquisicion Llorente, que supone que Adriano en los cinco años que fue en España inquisidor general, sacrificó hasta veinte y cuatro mil personas.

Tras de ese ilustre flamenco, que tanto mal nos hizo, no vendrá mal el tratar del otro llamado Guillermo de Croy, y generalmente el señor de Chievres, duque de Soria, &c., cuyas estafas y venalidad son tan memorables en nuestra historia. Al viajero no toca esplicarlas con estension, ni decir tampoco como con ellas y otros desacatos de aquel y los demas flamencos, ministros de Carlos V, se fueron preparando las alteraciones de los comuneros en 1520 y siguientes; por lo cual solo indicará, que está enterrado en *Heverlé*, junto á Lovayna, en un convento que habia fundado con aquellos *hermosos doblones de á dos cabezas* (1), que segun Brantome, solo pensaba en apañar mientras estuvo en España; y en Lovayna en fin, ya que se trata de personages de la Flandes, que nos tocan, deberá tambien contar que murió de una caida de caballo, siendo estudiante, aquel otro Guillermo de Croy, sobrino del mismo Chievres, á quien éste, sin tener apenas diez y ocho años, le nombró, con escándalo de toda España, nada menos que arzobispo de Toledo, y sucesor del gran Jimenez de Cisneros.

Si de esos recuerdos políticos quisiere nuestro viajante trasladarse á los militares, no le faltarán sucesos que referir. Lo hará de algunos del siglo XVI; pero se detendrá principalmente en el sitio que los holandeses y franceses pusieron en 1635 á Lovayna, y que al fin tuvieron que levantar, tanto por la valentía de los vecinos y estudiantes, como por los socorros que envió oportunamente el cardenal infante don Fernando. Con este motivo citará á *Ericus Putea-*

---

(1) Llamábanlos asi porque tenian las dos efigies del rey don Fernando y de la reina doña Isabel, y por eso dice Sandoval en la vida de Carlos V, lib. 5, §. 2, que se cantaba por las calles:

Doblon de á dos norabuena estedes
pues con vos no topó Xevres.

nus, catedrático de la universidad y testigo del sitio; el cual, en la historia latina que escribió de él, entre los varios españoles cuya conducta elogia, menciona especialmente al marqués de Aytona, contándole por uno de los que mas animaron á los habitantes á defenderse, y por haber sido tambien quien con el infante y don Cristobal de Benavides, fue á ver su biblioteca, que era numerosa y llamaba la atencion de los curiosos. En su casa referirá ademas, bajo la autoridad del mismo Erico, que alojó éste á don Diego de Acevedo y á su teniente don Cristobal de Contreras, que con otros españoles y el conde de Nassau por gefe, habian ido á socorrer la ciudad, y que agradecidos á su hospedaje, alcanzaron del infante don Fernando, que á Maximiliano su hijo, no obstante ser muy jóven y belga, le nombrase alférez de la compañía de caballos españoles del mismo Acevedo: distincion que el historiador encarece como era debido. A eso agregará que, como por carecer de cáñamo en la ciudad, faltásen enteramente durante el sitio estopines para los cañones, los inventó de una nueva especie ó materia un tal Francisco Gutierrez, que segun el mismo escritor era hombre muy adelantado en las ciencias. No diciendo mas sobre él ni sobre su invencion, no es fácil saber si esta tenia algun mérito, ni afirmar si el inventor era ó no español; por lo cual terminará el viajante la relacion de sitio tan memorable en el país, mostrando en el siguiente pedazo de una cancion impresa y cantada por los sitiados, cuál era su gusto y poesía, y en qué concepto tenian á los franceses.

Briser les images,
Pour complir leur rage;
Voila les Chrestiens.
Au Diable, Français!
Vous ne valez rien, &c.

Mas lo que en *Lovayna* deberá nuestro curioso examinar con preferencia, será lo concerniente á aquella antigua y célebre universidad. Se elevará, si quiere, hasta su orígen, y no olvidará que Felipe II no solo aumentó las cátedras y dobló la renta de los catedráticos, en términos de llamarle *segundo fundador* de la universidad los anales de ella, sino que estableció colegios en la ciudad, auxilió con rentas á los fundados por otros, y fundó por sí mismo la universidad de *Douai* en aquellos estados. Pasará luego á indicar lo que fue la de *Lovayna*, cuando sus teólogos eran tan afamados; y como es de creer que en esa *facultad* no sea el viajante muy entendido, bastará que nombre á los españoles que enseñaron la teología, ó bien á los que como Fr. Feliz Ponce de Leon en 1540 y Fr. Lorenzo de Villavicencio en 1558, se graduaron de doctores en ella.

Aun limitará mas sus noticias en lo tocante á las disputas, que acerca de la *gracia eficaz* ocurrieron alli en el siglo XVI entre Miguel Lebay, llamado comunmente *Bayus*, y el jesuita español Toledo, que fue el primer cardenal de su órden; y ningun caso hará tampoco de las bullas posteriores entre *jansenistas* y *molinistas* ó sea entre cismontanos y ultramontanos. Pero no será de modo alguno tan parco en otras noticias literarias, mucho mas al alcance de los mundanos; puesto que, mostrándose todavia en la calle de *Diest* la casa en que habitó Juan Luis Vives, fuera grandísima injusticia callar la parte que aquel docto valenciano tuvo en la introduccion del *buen gusto literario* en una universidad, que le desconocia y desdeñaba enteramente.

Sobre este particular, y como prueba de la decadencia en que estaban las letras entonces en un establecimiento tan afamado, citará el viajante lo que el mismo Vives escribia en 1521 á un amigo, contándole lo que le habia pasado al pretender esplicar el *Somnium Scipionis*. *Todo el Con-*

sejo académico, es decir, el rector y los decanos de todas las facultades de la universidad, *todos*, contará con el mismo Vives, *que se echaron á reir asi que le oyeron lo que queria enseñar*. El dice que eso sin duda *fue por el placer que les causaba la realidad de la palabra somnium* (*sueño ó dormir*) *á que estaban tan habituados*, y que habiéndole en seguida preguntado á qué facultad pertenecia el libro que queria esplicar, y respondídoselo, todavia siguieron muchos dias discutiendo si realmente pertenecia á ella el *sueño*. Al fin parece que, despertando del suyo el Senado ó Consejo académico, le concedió lo que deseaba; pues que resulta de otra carta de Vives, escrita en el año siguiente, que, al paso que privadamente trabajaba en un comentario sobre San Agustin, daba dos lecciones diarias, una pública esponiendo á Plinio, otra particular sobre las geórgicas de Virgilio, y se disponia ademas para otra tercera sobre Mela.

El comentario que con el nombre de *Vigilia* escribió Vives sobre el *sueño de Scipion* en Lovayna, y desde allí dedicó en 28 de marzo de 1520 á Erardo de la Mark, obispo-príncipe de Lieja, y arzobispo electo ó nombrado de Valencia, es muy digno de que nuestro viajero le examine, y de que le tengan presente sus compatriotas. No á la verdad, porque su dedicatoria le induzca á esplicar las razones políticas de Carlos V para recompensar con una de las primeras mitras de España á un príncipe del imperio, prelado y soberano estranjero, ni menos tampoco por la bella descripcion que Vives le hizo en ella del clima y producciones del reino de Valencia, y del carácter del valenciano, que ademas de otras calidades, tenia entonces la de *no desentenderse enteramente de las órdenes del clero, ni obedecerlas con obstinacion* (*); sino por el recto corazon, ó por mejor decir, por lo empapado que se mostró Vives del carácter y esperanzas que debian animar á un patriota. De suerte que, nuestro viajante, ya sea que viaje forzado por las persecuciones que le atrajo el haber querido dar á su patria la libertad, independencia y grandeza conveniente, ya sea que jóven todavia, y no obstante ese triste ejemplo, se anime á lanzarse en tan espinosa carrera; en ambos casos podrá sacar mucho fruto y consuelo de leer el comentario de Vives. Porque este insigne español, ampliando el pasage en que Cice-

(*) Joan. Ludovici Vivis in Somnium Scipionis, ex sexto de Republica Ciceronis, Vigilia Basileæ, anno 1555, tom. 2. *Sacerdotum jussa neque segniter neque contumaciter* (valentinus) *exequitur*. In dedicatoria etc.

ron afirma, que hay en *el cielo un lugar fijo y marcado para cuantos trabajáren en mantener, auxiliar ó aumentar su patria,* le dirá, que no son la recompensa de la virtud y de los bienhechores públicos las estátuas, los empleos, los honores, las tierras y las riquezas.... pues que todo eso es deleznable y caduco, y propio únicamente para contentar á los que arrastrados del aura popular, solo se ocupan de esta corta y miserable vida, sin acordarse jamás de la eterna; sino que para los que *en los apuros y cuando sus patrias van á precipitarse, las contienen; cuando estan agoviadas y cansadas las ayudan, y cuando estan pobres y reducidas las aumentan y ordenan con riquezas, dignidad, justicia, paz y buenas leyes y reglamentos, hay una recompensa cierta y segura, que no depende de las alabanzas que se pudieran escuchar, por ejemplo en nuestras Cortes, ó de las estátuas colocadas en lugares concurridos, sino que es el lugar que les está reservado en el cielo, en el que han de vivir dichosos y exentos de todo malandrin, no unos cuantos años, sino una eternidad de ellos, sin faltarles jamás la alegría y el contento* (*).

(*) Ibidem. Pág. 50. Scito non statuas istas vestras, neque magistratus, neque honores, neque possessiones,

Sin duda alguna continuará el viajero que se halla en tan dichoso lugar el teniente coronel de artillería don Antonio de Aldecoa, natural de Orozco en Vizcaya. Juntando á heridas ganadas en la guerra contra Napoleon y á otras dolencias físicas, la afliccion de espíritu por el abatimiento de su patria, y lo mucho que le repugnó el estudio de la anatomía práctica, porque para ser independiente y no perder su tiempo se dedicó á la medicina en la universidad de Lovayna; dirá nuestro narrador que falleció en aquella ciudad en 1827, y que descansa en su cementerio. A él podrá acudir á pagarle un triste recuerdo, ó á poner una flor sobre su sepulcro; y en seguida tornando á las noticias literarias, deberá agregar á las dichas de Luis Vives la de Mateo Adrian, que por

---

neque divitias et opes esse virtutis et benefactorum mercedem. Hæc putant qui per exiguam istam vestram curant vitam, nec de sempiterna hac vita cogitant. Illa enim omnia fluxa sunt et caduca.... Est ergo longe secus quam populi vanitas arbitretur. Nam omnibus qui patrias suas, in extremis casibus ac jam prope ruentes conservaverint, laborantes fessasque adjuverint, exigues tenuesque auxerint atque instruxerint opibus, dignitate, justitia, pace, bonis legibus atque constitutis, iis sua est certa merces non cum laudibus S. C. non in celebri loco statuæ, sed certus ac constitus in hoc cœlo locus, in quo extra omnem sortis vicisitudinem beati non aliquot annis, sed ævum immortale agant cum summa et perpetua lætitia.

recomendacion del célebre Erasmo fue el primero que comenzó en 1518 á enseñar el hebreo en aquella universidad; la de Gabriel de Ayala, que en 1556 se graduó en ella de doctor en medicina, y fue despues su catedrático: la de Sebastian Fox Morcillo que, distinguido ya por sus escritos á los veinte y cinco años, naufragó viniendo de aquella ciudad á ser maestro del príncipe don Carlos: la del burgalés Francisco Encinas, que alli tradujo el *Nuevo Testamento* del griego á la lengua castellana en 1543, y habiéndolo hecho segun el sentido de los protestantes, fue preso en Bruselas y murió despues prófugo en Alemania: la del valenciano Juan Martin Cordero, que alli estudiaba en 1553, y en 1555 imprimió en Amberes una traduccion con el nombre de Flores de *L. Anneo Seneca*: la de Antonio Perez, natural de Alfaro, que en 1614 se graduó de doctor en jurisprudencia, y la enseñó despues por las instituciones que llevan su nombre, y en fin, omitiendo aqui á muchos otros la del buen portugués Damian de *Goes*.

Quizás no todos sepan que, hallándose este honrado peninsular establecido en Lovayna, escribió alli en 1541 una *Defensa de España* contra el cosmógrafo Sebastian de Munster, que es obra algo curiosa. Porque á lo menos se ve en ella, que si ya entonces habia estrangeros que sin conocer á los españoles, los trataban de *hambrientos y pegotes*, y que no se hartaban sino de lo ageno (*); habia tambien gente buena y discreta, que conociendo lo exagerado de esas declamaciones ó la emulacion que las producia, trataba de reducirlas á su punto. Uno de ellos contará el viajante que fue Goes, á quien se mostrará agradecido, no solo por su moderacion y por haber esplicado que la causa de no haber buenas posadas en España, eran ciertos reglamentos de los reyes católicos, sino porque al fin al comparar la generosidad de nuestros ultrajados españoles con la de otras naciones que se ensalzaban, advirtió que entre aquellos *no alargaban los criados las manos cuando salian de un convite los convidados, y nada tampoco se llevaba como en Alemania y Francia por enseñar á los curiosos las casas, iglesias, armerías &c.*

A todo eso agregará el viajante una descripcion de la casa consistorial de *Lovayna*,

(*) Defensio Hispaniæ contra Munstesum, inter Hispaniæ illustratæ scriptores. Francofourti, 1602. *Sed quod ferre non potui, hispanos tanquam famelicos, et cænipetas, nunquam nisi de alieno saturos à Munstero describi etc.*

cuya gótica fachada llama por la originalidad de sus relieves la atencion de los curiosos. Dirá tambien algo de los cuadros que se hallan en sus salas, y no dejará de mencionar otros objetos artísticos, asi como lo concerniente á la fabricacion y comercio de *cerveza*, que es alli un ramo muy productivo, y entre cuyas variedades aun se cuenta aquella *cerivisia tenuissima et flava*, de que Luis Vives habla en sus diálogos, y engorda ahora como entonces; dando fin á tan largo artículo con una esposicion bien razonada del estado actual de la universidad de Lovayna, y en general del de los diferentes ramos de la instruccion pública en toda la Bélgica.

Tirlemont. XX. Al dejar á Lovayna para ir á *Tirlemont*, por pacífico que salga nuestro viajero con tantos recuerdos literarios, al instante habrá de volver á los arcabuzazos y cuchilladas. Desde las puertas mismas de la ciudad, sin ir mas lejos, se puede ya considerar en el mismo terreno en que Alonso de Vargas, don Bernardino de Mendoza, Antonio de la Olivera y otros, no obstante tener á todo el país en contra, acometieron en 1576 al conde de Glimes, y le derrotaron, junto con los soldados y paisanage armado que mandaba en nombre de los Estados, y aun con algunos estudiantes que habian ido como por pasatiempo, á ver como acababan con aquel puñado de españoles.

Llegado á *Tirlemont* con ese recuerdo, hallará que, si bien aquel pueblo se compone de mas de las ochocientas casas que le daba don Carlos Coloma; sus murallas, aunque del todo descuidadas, aun son, como aquel escritor lo dice, de mayor circuito que entonces lo eran las de Amberes y Bruselas, y parecen con efecto anunciar que hubo mas poblacion en otro tiempo. En el actual, á menos que el viajante no quiera enterarse de un reducido establecimiento de inválidos militares, ó bien de un *beguinage* ó sea beaterio de religiosas obligadas por su instituto á cuidar de los enfermos que las sostengan y paguen una corta retribucion á su comunidad, nada hay en *Tirlemont* que merezca su especial atencion. En la *campiña* sin embargo convendrá que la fije en las *Destilerias* llamadas rurales y agrícolas; ó sea mas bien en las fábricas particulares del aguardiente de granos y patatas, llamado comunmente *genievre*, que en español deberia ser *henebrina*; las cuales son muy comunes en aquel pais, y de altísima importancia en la agricultura. Esplicará que la utilidad de ellas no tanto consiste en el rédito inmediato que procuran, ó en la cantidad de granos que consumen, como en que estos despues de fermentados y destilados acebonan admirablemente los bueyes y vacas viejas, que mientras van al matadero dan mucho y fecundo estiércol, con el cual se halla el labrador en el caso de no barbechar nunca sus tierras, sobre todo si entiende bien la alternacion de las simientes. Ese sistema, deberá añadir, que acaso no fuera dificil de plantear en los terrenos igualmente llanos, frios y secos de Castilla, ó sea en la tierra de *Campos*, asi como el del cultivo de la *colsa ó navete*, con cuya torta ó desperdicio se alimentan tambien los ganados en aquel país, despues de dado el puro y limpio aceite que se emplea en las fábricas de jabon, en el alumbrado de calles, casas y minas, y en otros ramos, &c.

Antes de eso ó despues, si nuestro viajero, volviéndose á los siglos XVI y XVII, tratáre de referir todas las andancias militares de que *Tirlemont* y sus cercanías fueron teatro cuando pertenecian á España, tendrá tela cortada para mucho tiempo, y lo mejor será no emplearla toda. Limitaráse por lo tanto á contar de qué modo á la puerta del mismo pueblo, degolló en 1578 el teniente García de la Olivera á cuantos soldados del duque Palatino Casimiro, sorprendido dentro del pueblo por los borgoñones, no se escaparon por las murallas. Referirá tambien, que en 1589, sabiendo el gobernador de *Berg-op-zoom* que todo el bagaje del tercio de don Francisco de Bovadilla se hallaba en *Tirlemont*, sin mas escolta que la compañía del capitan don Cristobal Mascon valenciano, ordenó á su segundo que con 500 hombres fuera á sorprender disimuladamente el pueblo escalando sus murallas. Asi dirá que lo hizo, y que cayendo de improviso sobre la plaza, degolló la guardia, y quedó dueño de todo, despues de morir Mascon peleando valientemente con los pocos soldados que le quedaban; mas que al retirarse orgulloso con el triunfo y rico con los despojos, y cuando ya se creia seguro por hallarse cerca de Malines, el capitan Bartolomé de Torralba que tuvo noticia del suceso, juntando á su compañía de caballos la de don Fernando Giron mandada por su alférez Juan de Almaráz, le cargó tan briosamente que le dispersó toda su gente, y recuperó cuanto botin llevaban.

En seguida podrá contar algo de aquella peste de motines que, ido el duque de Alba, se introdujo por falta de pagas en los soldados de naciones, y ganó al fin, aunque mas tarde á los españoles viejos. Para eso le prestará ocasion oportuna el recuerdo de lo sucedido en *Tirlemont* en dos épocas, primera en 1594, cuando no teniendo el archiduque Ernesto medios de acabar con los amotinados españoles, les cedió aquel pueblo con suficientes contribuciones, para que se mantuvieran en él tranquilos y seguros hasta que se les pagasen sus alcances: y la segunda en 1603, cuando otros amotinados se atrevieron á dar un asalto al mismo *Tirlemont*, y no obstante haber sido bien rechazados, tuvo el archiduque Alberto que concederles, para evitar mayores escesos, y hasta que se les pagase, la posesion de la ciudad de *Roremonde*.

Al fin y para acabar lo relativo á *Tirlemont*, referirá el viajante la mala cuenta que tuvo á los habitantes el empeñarse en 1635 en que el pueblo no se podia defender con la poca guarnicion de naciones que tenia, y el haber obligado por fuerza al capitan Martin de los Arcos á ir á tratar con los franceses y holandeses que le atacaban; pues que entrando estos precipitadamente por las murallas y no hallando resistencia, ejecutaron un saqueo horrible (*), y cometieron las atrocidades que los curiosos hallarán relata-

(*) Viaje del infante cardenal don Fernando etc., por don Diego de Aedo. Madrid. 1637, cap. 19, pág. 186.

das ó en el *Mars gallicus* que valió el obispado de Ipres al célebre Jansenio, ó al *Phœnicem Thenensem etc.* de Fr. Bartolomé de los Rios y Alarcon.

SAINT-TROND-TONGRES Y LEW. XXI. Entre *Tirlemont* y *Saint-Trond*, y mas cerca de aquel que de este pueblo, no dejará nuestro viajero de fijar su atencion en unos montículos ó alzadas de tierra de forma regular, que verá á su derecha y al lado del camino, y que los anticuarios no esplicaron bien aun, si eran ó no sepulcros. Llegará luego al punto llamado *Halle*, y descubrirá la aldea que don Bernardino de Mendoza denomina *Chasse* en sus comentarios, que fue en donde el duque de Alba, aprovechándose especialmente de la arcabucería española y walona, mandadas por Sancho Dávila, Gaspar de Bracamonte y Felipe de Robles, destruyó mucha parte del ejército del príncipe de Orange en la campaña de 1568: campaña maestra! esclamará, de aquel hábil general español tan desdeñado en nuestros dias, y de la cual dará por lo mismo alguna idea, bien en este lugar ó bien lo dejará para el en que comenzó.

Entrado despues en *Saint-Trond*, villa hoy de la provincia de Limbourg, y antes del antiguo principado episcopal de *Liege* ó Lieja, anunciará sin rebozo que, si fue célebre en otros tiempos por una antigua y pingüe abadía de benedictinos, que tenia á medias la soberanía con el obispo, todavia puede serlo en estos como un escelente nidal de frailes y jesuitas. Sobre lo cual, y para desengaño de los que tienen á España por el único pais afecto á la frailería, deberá el viajante contar un suceso muy reciente, que quizás halle algunos incrédulos en ella. Dirá pues que, suprimida en aquel pueblo en 1793, al reunirse la Bélgica á la Francia, una numerosa comunidad de *Recoletos*, que existia en él, los individuos que la componian, en vez de recibir la pension que se les señaló, la capitalizaron en papel, y con él compraron su mismo convento, que de ese modo pasó á ser una propiedad particular de nacional que antes era. Dado ese primer caso, seguirá, se constituyeron herederos recíprocos, ó sea en términos de que el último que quedára, fuera el heredero y propietario de su finca-convento, que mientras tanto continuaron habitando vestidos de seglares y manteniéndose con lo que socaliñaban á los incautos y crédulos flamencos. Al cabo de cuarenta años de esta vida, y cuando ya no sobrevivian mas que una media docena de los que la emprendieron, ¿creerá nadie, preguntará el viajero, que aprovechándose de los principios de la constitucion belga, se presentaran esos en este mismo año muy horondos con sus ropones y mostrando mas prevision que los filósofos de la revolucion francesa?

Tras de eso, y no habiendo en *Saint-Trond* otra cosa que llame la atencion sino el antiguo monasterio, de que se han apoderado últimamente los jesuitas, y entre ellos dos españoles, deberá indicar el nuestro la junta que, al principiar la revolucion de los Países-bajos tuvieron allí los *gueux* ó mendigos; y como de ella, segun la historia, resultó el dividirse los confederados, y retirarse los mas á sus casas por no querer ni sostener, ni pedir al rey la *libertad de conciencia*, que algunos estranjeros fueron á proponerles; decidirá y afirmará que aquella libertad, tan cacareada despues, no era entonces popular, ni por consecuencia la causa inmediata de tan famosa revolucion. Contado lo cual, y añadido algo de lo que en 1590 y 1591 hicieron en *Saint-Trond* los amotinados del tercio de don Manuel de la Vega, se despedirá el viajante de aquel pueblo y se encaminará á *Tongres.*

Aunque en el intermedio se halla la villita de *Lew*, ó *Leau*, que antes pertenecia al Brabante, nada hay en ella que merezca la atencion de un curioso. Solo de paso por lo tanto podrá recordar el nuestro, que en los apuros en que sus compatriotas se vieron en 1576, cuando los Estados se declararon contra ellos, se juntaron allí á consejo don Alonso de Vargas, don Bernardino de Mendoza, y los demas oficiales que derrotaron en seguida, como ya se dijo, al conde de Glimes, entre *Tirlemont* y *Lovayna*. Podrá tambien decir que los amotinados del tercio de Vega saquearon igualmente aquel pueblo en 1591, y que, no contentos con haber cogido en él ocho caballos, que Hernando Patiño habia comprado para la compañía de don Sancho de Leiva, obligaron al mismo Hernando á mandar una compañía de lanzas que habian formado, y que asi con efecto lo hizo, pero con la condicion de que habia de salir con ella en servicio del rey siempre que se le mandase, y que de ningun modo habia de ser pagado como los demas, puesto que él no era amotinado. Saliendo luego un poco de su objeto, y como para indicar cuán varios y acomodados á todos los gustos eran antes de la revolucion francesa los establecimientos eclesiásticos en los Países-bajos, indicará que en *Lew* habia entonces un cabildo de doce canónigos, parecidos á otros de Tirlemont, que se casaban si querian (*).

(*) Véase la obra titulada *Delices des Pays-Bas etc.*

Dejado *Lew*, y atravesados los restos de una antigua calzada romana, se encontrará nuestro viajante en *Tongres*, que como Saint-Trond pertenece hoy á la provincia de Limbourg, y en otro tiempo al principado de Lieja. Por esa razon dirá, que como país neutro ó aliado á España en los siglos XVI y XVII, apenas hay que contar nada que nos toque directamente en el pueblo, á menos de no contar que habiéndose refugiado á él el príncipe de Orange, cuando en la campaña anunciada le perseguia el duque de Alba; para asegurarse éste de aquel punto en todo caso, envió á él al maestre de campo Julian Romero con algunas compañías de arcabuceros de su tercio, y los vecinos, temiendo ser castigados por haber acogido á Orange, le cerraron las puertas, y no se las abrieron hasta que el duque les dijo resueltamente, que lo hicieran, y entrando sus soldados cogieron algunos carros con víveres y efectos enemigos.

Pero en las inmediaciones, y prescindiendo de lo que podrá decirse de la campaña del mismo duque, no se debe olvidar que á orillas del rio *Jeckel* ó *Jaar* las compañías de caballos de don Sancho de Luna, don Francisco Padilla, Hernando de Salazar y otras, mandadas todas por don Juan de Córdoba, desbarataron en 1595 á los holandeses que se retiraban de haber sorprendido á Huy, y les quitaron todo el rico botin que habian ganado en aquella plaza, é interceptando una conducta de sedas y otros artículos que venia de Italia. A continuacion convendrá dar alguna noticia de una fuente mineral ferruginosa, que Plinio coloca cerca de la ciudad de los *Tungros* ó *Tongreses*, y que ha sido causa de varias contestaciones entre los eruditos, uno de los cuales, podrá advertir nuestro viajante, que para probar, que una fuente inmediata á *Tongres* era la misma del naturalista romano y conservaba sus mismas virtudes, sienta que sus aguas curaron el mal de riñones á un cardenal de Mendoza, gobernador de los Países-bajos en tiempo de Carlos V (*), cardenal que quizás fuese el arzobispo de Burgos don Francisco de Mendoza y Bobadilla, pero que no gobernó aquellos países.

Maestricht. XXII. Como que nuestro curioso español ha dado en el curso de su viaje indicios de conocer las comedias, que en otro tiempo popularizaban las proezas de sus compatriotas, quizás conozca la algo rara del *Sitio de Maestricht*, y que hasta sepa la anécdota de aquel, que el doctor

(*) Histoire de Spá por el baron de Villenfagne, y en sus *Melanges de litterature etc. du Pays de Liege.*

Juan Perez de Montalvan cuenta que en una de sus primeras representaciones se alborotó contra los actores, porque á un hermano suyo no le daban toda la gloria que habia adquirido en aquella plaza. Nada pues mas natural entonces que el deseo de llegar á ella hallándose solo á dos leguas no muy largas de Tongres. Ese deseo á la verdad pudiera muy bien frustrársele en el dia por pertenecer *Maestricht* á la Holanda, y no estar muy espedita la comunicacion como en otras partes, con los pueblos de la Bélgica. Sin embargo, como los holandeses son en general bonachones y tolerantes, y como por otra parte debemos contar con que nuestro compatriota, como estrangero prudente, se mostrará del todo neutro en las disensiones de los países que corriere, no será estraño que obtenga al fin la entrada en la plaza, en cuyo caso le acompañarán los recuerdos á borbotones desde la puerta misma de Tongres, pues que al lado de ella voló en una mina el valiente capitan Gaspar Ortiz.

Entrado en el pueblo, si las cosas de Carlos V no le fastidiasen, principiará su narracion por decir que por él pasó en 1520 aquel insigne personage, cuando orgulloso y vano iba á *Aix-la-chapelle* ó Aguisgran á coronarse de emperador. A pesar de la prisa que llevaba, aun podrá contar nuestro viajador bajo la fe de Valerius Andreas en su *Bibliotheca Belgica*, que entonces y en el concepto de duque de Brabante asistió al coro de la colegial de *Saint-Servais*, *pensili almucio nihil a canonico diversus*, esto es, con su roquete y muceta como canónigo, é importándosele un bledo de las *comunidades* y *germanadas*, que su ambicion y la inconsecuencia y venalidad de Chievres, Sauvage, y demas ministros suyos flamencos habian suscitado en España. Y como en esta tal vez haya quien desee saber qué colegial y que santo eran los que tales servidores y canónigos contaban, les podrá decir con el antiguo Ægidius Aurevallensis, ó sea el monje Gil de Orval, antiguo escritor liejés, que Saint-Servais nada menos fue que pariente de Jesucristo en cuarto grado: que desde Galilea se vino peregrinando hasta Tongres á ser elegido obispo de aquella iglesia trasladada por él á *Maestricht* y mas tarde á Lieja: que viajó á Roma para visitar á San Pedro, que le dió una llave de oro, que hasta hace poco obraba prodigios y milagros estupendos; que está enterrado en *Maestricht* en su ahora parroquia y antes colegial, y que segun el monje Sigeberto y otros mas modernos, vivió la vagatela de trescientos tres años.

Contado eso entrará el viajante á referir las veces que, con intervencion de españoles, fue aquella plaza envestida, tomada y perdida en los siglos XVI y XVII. En esa narracion que abreviará lo posible, dará el primer lugar al sitio de la famosa comedia, que fue el puesto por Alejandro Farnesio, duque de Parma, en 1579. En él dirá que, si fue grande el denuedo y resistencia hasta de las mugeres de la plaza gobernada y dirigida por Sebastian Tapin Lorenes, y un tal Manzano de las inmediaciones de Ocaña, y capitan de infantería, que hacia cinco años servia á los holandeses, no fue menor la valiente obstinacion de los sitiadores. Treinta y siete capitanes, segun Strada, y cuarenta y cinco segun otros, contará que perdieron estos en los diferentes asaltos y ataques, fuera de muchos otros oficiales y aventureros distinguidos, siendo uno de estos Fabio Farnesio, primo de Alejandro, y de aquellos ademas del Ortiz ya nombrado, Pedro Mendoza, Antonio Trancoso, Diego Hurtado de Mendoza, Alonso del Castillo y Pedro Pacheco etc., hasta que al fin habiendo el soldado Alonso García descubierto junto á la brecha de detrás de *Saint-Servais*, un lugar que, reconocido, halló flaco y descuidado, avisó, y arremetiendo por él los españoles penetraron dia de San Pedro en la ciudad, y aunque con gran resistencia, no dejaron títere con cabeza, como con frialdad y sin lástima se acostumbra decir en tales ocasiones.

De resultas de ese triunfo referirá igualmente que, aunque el duque de Parma, que se hallaba muy enfermo en el campo, se alivió alguna cosa, no fue con todo lo suficiente para poder montar á caballo y entrar en la plaza con el aparato y honor que se le debia: por lo cual los capitanes españoles que deseaban tributársele, le colocaron en una silla ó litera, y tomándole en sus hombros, le introdujeron triunfante y en procesion por una brecha adentro. A eso añadirá que, habiendo Alonso de Solís, que era paisano ó del mismo lugar que Manzano, hallado á este *afrentoso baldon de la nacion española*, escondido en un desvan, fue condenado, dicen Strada y Carnero, á ser pasado por las picas (*): que entonces no se jugaba, no, con los que se holandesaban ó afrancesaban.

Concluido eso deberá tratar de las varias tentativas de los holandeses para apoderarse de *Maestricht*, hasta que al fin lo con-

(*) Pasar por las picas, segun don Bernardino de Mendoza en sus comentarios, lib 2, cap. 9, era una pena que la infantería española acostumbraba dar, cuando el delito del soldado era de calidad que merecia que toda la nacion se resintiera de ello.

siguió en 1632 el príncipe de Orange, por no haberla podido socorrer el marqués de Santa Cruz y don Gonzalo de Córdoba; y luego referirá las mas inútiles, que en 1634 emplearon para recuperarla, el duque de Lerma y el marqués de Aytona, gobernador general de los Países-bajos.

Si en el artículo de *Maestricht* prefiriere nuestro historiador viajante incluir la campaña ya mencionada del duque de Alba, deberá en tal caso alejarse por la izquierda del rio *Mosa* abajo. En este paseo, por una parte reconocerá el lugar por donde, habiendo echado el duque de Parma un puente, pasó Mondragon con la vanguardia al envestir á *Maestricht*, y por otra descubrirá el castillo de *Peterschen*, que todavía pertenece á los Merodes. De aquel castillo ó casa fuerte, que el jesuita Foullon, historiador de *Liege* cuenta, que el obispo Enrique de Gueldre mandó edificar para uno de sus sesenta bastardos, se deberá decir que, habiéndole elegido Parma para su cuartel general durante el sitio, no habiéndole querido recibir la guarnicion y paisanos hasta que los amenazó con la horca, asi por eso como por ser propiedad de un enemigo de su rey, ordenó á sus guardias españoles que le saqueasen, y le hallaron muy provisto de todo.

Luego se encontrará con *Haren*, en donde el duque de Alba juntó su gente al ir á esperar al príncipe de Orange, y en donde murió en 1632 don Luis de Velasco, conde de Salazar, cuando el baron de Brederode impidió á don Gonzalo de Córdoba el paso del *Mosa*; y siguiendo su esploracion se encontrará al fin en *Stocken*. Como aquel es el término medio entre el punto, por donde Orange y su ejército pasaron el rio viniendo de Alemania, y el campo que ocupaba el duque de Alba cuando empezó á perseguirlos, comenzará desde allí la relacion de una campaña en que el duque, segun don Bernardino de Mendoza que se halló en ella y puede servir de guia, *caminaba con la primera compañia que iba de vanguardia llevando consigo á los gastadores, que era nuevo lugar para ellos y para los generales.*

Acabados tan insignes recuerdos, y vuelto de nuevo su relator á *Maestricht*, podrá si gusta, decir algo del aseo y limpieza del pueblo, y aun de su tráfico, por agua con la Holanda, y por tierra con la Alemania: pero hay dos cosas muy esenciales que no debe de modo alguno pasar en silencio. La primera será la guarnicion holandesa que le ofrecerá una bellísima ocasion de esplicar la organizacion militar de la Holanda, ó sea el sistema de reclutamiento, division y administracion de su ejército; y la segunda la célebre montaña de *Saint-Pierre* ó *Pitersberg*, cuya caverna compuesta, segun algunos de mas de ciento veinte mil galerías, que se estienden hasta seis leguas de largo y dos de ancho, ha llamado en todos tiempos la atencion de los sabios por los fosiles raros que se encontraron en ella. Por desgracia en el dia, como que la plaza de *Maestricht* se halla en estado de sitio, y el fuerte de *Saint-Pierre* está sobre la caverna, se ha tapiado la entrada de esta; y no queda para describirla otro recurso, que el de acudir á lo que Cuvier, Bory-de-Saint Vincent y otros naturalistas modernos escribieron acerca de su formacion y curiosidades.

Aix-la-chapelle, XXIII. Desde *Maestricht*, pasando el *Mosa*, se dirigirá el viajante á *Aix-la-chapelle* ó Aquisgran, como de *Aquisgranium* en latin se suele decir en España. Si no estuviere de prisa, andado el puente y llegado al arrabal de *Wick*, podrá detenerse un rato no tanto para recordar la gente que pereció en el primero, y como los soldados de Mondragon asaltaron y asolaron al segundo en el acto de terminar el gran sitio, sino para meditar sobre un hecho de que antes no dió razon. Referirá pues con Martin del Rio y Famian de Strada, que cohechados en 1576 los vecinos de *Maestricht* con la guarnicion alemana, espulsaron á la española y prendieron al gobernador Francisco de Montes de Oca: que sabido esto por don Martin de Ayala, que con su compañía guardaba á *Wick*, lo comunicó al instante á don Fernando de Toledo, que venia de *Dalem* con algunas banderas españolas, y por casualidad pasaba por alli cerca, y que juntos ambos en *Wick*, y resueltos á entrar en la ciudad, emplearon el artificio siguiente. Como la artillería de la plaza era fuerte y numerosa, tomaron cuantas mugeres del lugar hallaron, y echando unas por delante para amedrentar á los artilleros, y cogiendo otras los soldados para que les sirvieran de parapeto y hacer fuego detrás de ellas, se metieron con arrojo por el puente adelante. En tanto que los vecinos sin atreverse á tirar por no matar á las mugeres, se reunian aturdidos para resistir el ataque, corrió la voz entre ellos de que don Alonso de Vargas, viniendo con la caballería por el otro estremo de la ciudad, habia pegado fuego á la puerta de Bruselas, y se hallaba ya en las calles: con lo cual mientras que por defender sus casas, se retiran los del puente, acaban de pasarle los de *Wick*, y entrando en la plaza acaban con los alemanes y algunos pocos maestrichteses que todavia se defendian.

Luego saliendo de *Wick* se acordará de que por alli salió tambien Sancho Dávila en 1568 cuando con la infantería del maestre de campo don Sancho de Londoño y algunos alemanes, y la caballería de don Lope de Acuña derrotó á los rebeldes en *Dalem* con pérdida del capitan don Francisco de Vargas, y algunos muertos y heridos. Por alli dirá igualmente que salió en 1574 el mismo Sancho Dávila con don Bernardino de Mendoza, don Antonio Dávalos, Mucio Pagani, el coronel de walones Alonso Lopez Gallo, y el alférez don Juan del Aguila en la vanguardia, á derrotar en *Bemelen* á Luis de Nassau que se habia empeñado en pasar el *Mosa* y llevar la guerra al Brabante. E indicado todo eso con alguna circumstancia intermedia, continuará el viajante su intento por aquel camino tan traqueteado por sus compatriotas, y dirá de él por lo menos, que es el mismo que siguió el marqués de Spínola con su ejército, cuando en 1613 se apoderó de Aix por capitulacion, y cuando en 1620 pasó para el Palatinado.

Ya en *Aix-la-chapelle, Aquisgran* ó *Achen* en aleman, si nuestro viajador fuere anticuario ¡oh qué de memorias le suscitarán el sepulcro del gran *Karl* ó Carlo-Magno, y el baño en que se bañaba! Si crédulo, devoto y aficionado á reliquias ¡oh qué estupendas las verá en aquella iglesia que hizo el Diablo, y qué ocasion se le presentará de tratar de los santuarios y procesiones de aquellos paises, y sobre todo de la que vá á nuestra Señora de *Etternach* en el ducado de *Luxembourg*, en la que millares de devotos belgas, alemanes y franceses suben la montaña *dando tres pasos adelante y dos hácia atrás*! Si diplomático, ¡oh y qué oportunidad para manifestar con la *triple alianza* de 1668, y con los tratados de 1676 y 1748, cuánto nos costó tener dominios estra-peninsulares, y no haber sabido conservar aquella *monarquía desde los Pirineos al Océano*, de que ya Alonso VII se tituló *emperador*, y que á todo trance debemos anudar! Y si por fin nuestro viajante quisiere ó lagotear á los grandes de España, ó indicarles su nulidad actual, no tiene mas que contarles el orgullo con que el duque de Alba y otros disputaron la preeminencia á los electores del imperio en la coronacion de Carlos V. A eso podrá agregar, tocante á nuestro antiguo influjo en aquellas tierras, que allí en *Aix* se coronó el infante don Fernando, primero como rey de romanos, y luego como emperador sucesor de su hermano Carlos; y pasando por alto algunos actos de proteccion é imperativos de nuestro rey Felipe II, acabará con la rendicion de aquella ciudad en 1613 á lás armas de su hijo Felipe III.

En seguida vendrá muy bien tratar de la comodidad y placeres que se procuran en *Aix* á los que de todas partes concurren en el estío ó á divertirse tan solo, ó á convalecer con aquellas aguas que aliviaban al gran *Karl*. Describirá sus calidades, su temperatura y administracion, asi en *Borcet* como en *Aix*. Dará tambien alguna idea de las fábricas de paños, cachemires, agujas y otros artículos que allí existen; y acabará su artículo dando á conocer el sistema gubernativo, militar, administrativo, religioso é instructivo de la Prusia, confiado en general á hombres buenos y de capacidad, con lo cual disipe acaso el error de los que tienen al gobierno prusiano por absolutamente *monárquico puro ó despótico*.

Vieille-Montagne Limbourg y Verviers. XXIV. Como que, vistas ya tantas tierras, si el viajante se internase en Alemania, regresaria muy tarde á la suya, dejará para otra vez el visitarla despacio, y contar las andanzas de sus compatriotas en los ducados de *Juliers*, *Cleves* y *Palatinado*, y en las orillas del *Rhin*, del *Roer* y otros rios. Saludará pues desde *Aix* como merece, á aquel país de tanta ciencia y honradez, y despidiéndose de él con ternura, tomará la vuelta de *Spá*, sitio tambien de concurrencia europea, pero ya en la *Bélgica*.

En las fronteras de los dos reinos, como que en ellas y en un terreno neutro, se encuentra la famosa mina de *calamina* de la *Vieille-Montagne*, no dejará el curioso de detenerse á observar el modo con que se la esplota al aire libre. Examinará ademas la calidad y riqueza del mineral que se beneficia, la constitucion física ó geognóstica del terreno en que yace, y el laboreo ó sea el tratamiento metalúrgico que recibe hasta que se reduce á zinc. Esplicará tambien á qué y cómo se aplica por allí ese metal; y continuando siempre y sin otras detenciones, por el camino real, no tardará en llegar á *Limbourg*, cabeza en otro tiempo del ducado de su nombre, y título en el siglo pasado de un regimiento de dragones nuestro. Su antiguo castillo situado sobre un peñasco, y tan arruinado en el dia como el pueblo que domina, le dará muy poca idea de la importancia en que le tuvieron sus compatriotas. Los libros sin embargo le instruirán de que, considerándole como una de las principales defensas contra las agresiones de los alemanes, le sitió y tomó en 1578 Alejandro Farnesio con ayuda del maestre de campo don Gabriel Niño, y de Cristobal de Mondragon, y que durmiendo éste y su esposa tranquilamente en él, se inflamó la pólvora que tenia dentro, y ambos, sin que se sepa cómo, quedaron sanos y salvos en el hueco de una ventana, de la que hubo pena para bajarlos (1).

Tambien dirá que en 1635, mandando el ejército el cardenal infante don Fernando, fueron tomados pueblo y castillo de órden suya, por el marqués de Leyd; y contado eso, deberá el viajante tratar de la hermosura y abundancia de prados en aquel *pais*, que por haber pertenecido al rey de España, todavia en el inmediato de Lieja, le denominan *pays du Roi*. Referirá el cuidado y esmero con que se tienen las vacas asi en los prados en el estío como en los establos durante el invierno; anunciará lo mucho que producen en leche y manteca, pues las hay que dan en ocasiones hasta dos libras diarias de esta, é indicará el modo con que se la prepara. Seguirá luego el curso del rio *Vesdre*, que aunque de poco caudal es el principal motor de las muchas y muy ricas

(1) Don Carlos Coloma supone que esta voladura fué en el castillo de *Davilcres* en el ducado de Luxembourg, mas Strada y otros con mas razon dicen que fue en *Limbourg*.

fábricas de *Verviers*, villa del antiguo principado de Lieja, en la que se encontrará, andadas unas dos leguas.

Al observar la actividad é inteligencia de aquellos fabricantes de paños, dicho se está que nuestro celoso investigador ha de averiguar menudamente cuanto concierna á la especie y calidad de lanas empleadas en aquellas pañerías, á los países de que provienen, y á su proporcion en cantidad y precio con las llevadas de España. Indagará ademas con esmero qué faltas son las que á estas ponen, bien sea en su calidad intrínseca, bien en el apartado, lavado ó embalado, ó bien en el modo de transportarlas á los puertos y embarcarlas. Se informará tambien del estado y progresos de los *merinos* en aquellos países, del modo con que se les cuida y alimenta en climas en que no pastan los ganados en el invierno; del precio y estimacion de su lana, y del por qué, segun sus dueños son mucho mas productivos que los de España: y rico y lleno de esas observaciones y datos que pueden ser de alguna importancia en la patria, continuará el pregunton á *Spá*.

SPÁ. XXV. En aquel pueblo tan visitado por holgazanes, por viciosos, y por curiosos arrastrados por la moda, si el nuestro por desahogo fuere á él, y examináre las listas, que como en Aix y otras partes se imprimen por dias ó semanas de los pasageros que llegan, hallará nombrados en ellas á algunos de sus compatriotas prófugos antes de España, y dirigiendo ahora su gobierno. Tal mudanza sin embargo por estraña y súbita que le parezca, habrá de convenir al fin en que es nada comparada con la que el mismo *Spá* esperimenta en cada año; puesto que de la agitacion de los juegos de *roulette*, de los bailes ó *redoutes*, de los paseos á pie y á caballo, del teatro y galanteos veraniegos, y de tantos, tan varios y tan remotos forasteros como allí concurren, nada dirá que se suele hallar en el invierno sino casas cerradas y desiertas, mucha nieve, y tal cual oficial inglés á *media paga*.

Hecha esa reflexion, que es mas aplicable todavía á aquellas fuentes tan visitadas y bebidas, y en especial á la del *Pouhon* ó piojo en walon, deberá contar nuestro viajante, que una de las primeras personas ó acaso la primera que en el siglo XVI puso en voga las aguas de *Spá*, dicen sus historiadores que fue una señora española llamada doña María de Lara. Mas tarde, ó á mitad del mismo siglo, tambien contará con ellos que contribuyó mucho á acreditarlas la cura que operaron en Fr. Antonio de Mendoza, y á eso podrá agregar que igualmente á fines de aquel siglo y principios del siguiente, su crédito fue en aumento con los veteranos españoles, que se iban á curar de ciertas hidropesías ó mas bien de sus heridas y trompazos. Sobre lo cual le bastará indicar que, cuando el duque de Parma fue por segunda ó tercera vez en 1592 á aquellas aguas, le acompañaban entre otros Antonio de Leyva príncipe de Ascoli, el marqués del Vasto, don Rodrigo Laso y don Juan de Torres, que habian estado á la muerte.

Liege ó Lieja. XXVI. Referido eso y dada alguna idea de ciertas cajas de madera de buen trabajo y barniz, que en el comercio llaman de *Spá*, y son su única industria, dejará nuestro viajante un lugar en que el entendimiento nada gana y la bolsa mengua mucho. Dirigiráse pues á *Liege* por el país de *Franchimont* (*Francorum mons*) ó sea por *Theux*, en donde se dice que residieron los emperadores Luis el bondadoso y su hijo Clotario, y luego que vuelva á encontrar el rio *Vesdre*, no dejará de admirar la muchedumbre de fábricas que activa con sus aguas, particularmente en las inmediaciones de *Chaud fontaine*. En aquel sitio frondoso, habiendo baños termales de temperatura sumamente dulce, y fondas con buena mesa redonda y buenos vinos del

Rhin, Mosela, Borgoña y otras partes, no hará mal nuestro viajante en reposar y regalarse como los buenos y laboriosos *liejeses* acostumbran hacerlo en los domingos del estío. Luego, caminando siempre por parages frescos y poblados de árboles, casas y fábricas, é interrumpido alguna vez por el contínuo tránsito de carros de *hornaguera* (houille) y otros efectos, descubrirá la vega del rio *Mosa*, y llegando al cuartel de *Outre-Meuse* entrará en *Liege* ó *Lieja*, por el mismo puente de *Amercœur* por donde en 1568 entró Cristobal de Mondragon á libertarla de las asechanzas del príncipe de Orange. Pasado el rio *Mosa* por el gran puente de piedra, y dentro ya el viajante de la ciudad, con que solo recibiere de sus honradísimos habitantes la milésima parte de los favores que el que esto escribe, deberá como hombre moral y de corazon, mostrárseles agradecidísimo, y principiar por eso su narracion.

En seguida tratará de la antigua constitucion política de la ciudad y país de *Liege* ó *Lieja*. Dirá que es tanto mas digna de conocerse y estudiarse cuanto que el *poder ejecutivo* residia en un obispo-príncipe elegido por un numeroso cabildo, cuyos individuos se distinguian de los de las otras iglesias con el pomposo título de *trefonciers*, que equivalia á señores de la tierra. Para confirmar la idea de que la libertad es vieja y el absolutismo nuevo, indicará nuestro viajero liberal que el fundamento de la *liejesa* estribaba en el sencillo principio de que el pobre en su casa es rey (*pauvre homme dans sa maison roi est* (1): principio sublime! y que con mas claridad que en las constituciones modernas esplicaba la inviolabilidad debida á los domicilios; en los cuales en la ciudad de Lieja no se podia entrar sin presentar la *llave magistral*, que como la vara en nuestros alcaldes, era la divisa de los *burgomestres*, ó sea de la autoridad anual y popular.

A eso agregará alguna idea de la paz ó tratado de *Fexhe*, en que se estipuló solemnemente con el príncipe, que la alteracion y mudanza de las leyes y costumbres del país no se pudiera hacer por nadie sino *par le sens du pays* (2), esto es de acuerdo con los estados de él. Dirá tambien algo del tribunal llamado de los XXII, instituido en el mismo tiempo, y que elegido por los estados y parecido en algo al de los XVII de Aragon, tenia por objeto el exigir sin apelacion la responsabilidad personal de los

(1) Reglamento del obispo Hinsberg en 1424.
(2) Paz de *Fexhe* en 1316.

jueces y de los ministros del príncipe, que atentasen á la libertad ó propiedad de los ciudadanos.

De ahí pasará á referir en qué casos ó por qué delitos las antiguas leyes de *Lieja* condenaban á los delincuentes al viaje ó peregrinacion á *Santiago de Galicia*, y por qué cantidad se permutaba: y luego para dar una muestra de la lengua *walona* que es la popular en todo aquel país hasta Francia, podrá copiar un pedazo de una antigua cancion ó relacion titulada el *Salazar liegeois*, que los partidarios de la Francia compusieron hace dos siglos, con motivo de ciertas fechurías atribuidas al conde de Salazar y á los soldados españoles.

Pero lo que en *Lieja* ha de ocupar mas y mas á nuestro observador patriota, será la industriosa laboriosidad de sus habitantes. Al tratar de ella, no dirá, no, que *Lieja* es aquella *bona civitas barbarica* en la que Petrarca refiere en sus viajes, no haber hallado tinta con que escribir, ni menos aquel *paraiso de clérigos*, que Guicciardini cuenta, que la apellidaban en su tiempo; sino por el contrario un pueblo, en que todas las artes y ciencias tienen fervorosos aficionados, y en el que muchedumbre de manufacturas y talleres, á cual mas útiles y bien dirigidos, han reemplazado, hasta con beneficio de la moral pública, á la antigua gran catedral, á las ocho colegiales, á las cuatro pingües abadías y monasterios, á las treinta y dos parroquias y á la infinidad de conventos que en otro tiempo le devoraban. Como una minuciosa descripcion de todos sus productos y artefactos, sería por necesidad difusa, y acaso sin interés para el mayor número de lectores, se limitará solo el viajante á contar lo concerniente á cuatro ramos muy útiles á su país, que serán la esplotacion de las minas de hornaguera ó ulla; la fabricacion de fusiles, escopetas y clavos: la navegacion á la *sirga* por el *Mosa*, y la fundicion y colado de artillería de hierro y proyectiles, que son muy afamados (1). A

(1) En el tiempo en que el autor, favorecido por la sin igual complacencia del mayor Frederix, director de la fundicion de Lieja, reunia todas las noticias que deseaba á cerca de su administracion y labores, llegaron á aquella ciudad el coronel don José Odriozola y el capitan don Manuel Lujan, ambos del Real cuerpo de Artillería. Estos distinguidos oficiales, hallando en el mayor Frederix la misma complacencia, y un profundo saber, han obtenido de él cuantas noticias apetecian y han sido varias veces testigos de todas las operaciones de la fundicion. Han igualmente examinado solos ó en su compañía otras diferentes operaciones concernientes á la fabricacion de fusiles y escopetas de toda especie, asi como de armas blancas etc., y al ver tanta inteligencia, tanto celo, tanta aplicacion y empeño en ser útiles á su patria, hubiera sido un atentado el que el autor con menos luces en la materia hubiera con-

eso acompañarán varias noticias á cerca del *conservatorio real de música*, de algunas sociedades ó establecimientos de utilidad y recreo, y de otros de caridad, principalmente del *hospicio de la maternidad* en que se asiste á las pobres honradas y parturientas, y sirve para enseñanza práctica de las parteras; con lo cual, y no será poco, se despedirá para *Namur*.

SERAING, HUY Y ANDENNES. XXVII. Siendo el camino que va desde *Liege* ó *Lieja* á aquella ciudad, tal vez el mas agradable, que el viajero hubiere recorrido en su viaje, le describirá como merece. Si quisiere emplear las imágenes y palabrería de los que hoy llaman *románticos*, podrá echar mano de *Walter-Scott* que á su *Quentin Durward* le hace viajar por aquel camino: mas si prefiriese la concision y simplicidad á las ficciones de la imaginacion y al artificio de las palabras, podrá decir en estos ú otros términos equivalentes, que fue siempre á

---

tinuado en ella. Propúsose, pues, en el caso de acabar su viaje, el insertar en este lugar algo tocante al cultivo del *lupulo*, útil ya en España despues de haberse propagado el uso de la cerveza, y á la fabricacion de ladrillos en pilas ó al aire libre, agradeciendo por su parte á cualquiera que la hubiere hecho, la eleccion de tan escelentes oficiales para comision tan de su genio, y en la que nada hará demas el gobierno en ayudarlos cual merecen.

orillas del rio *Mosa*, y remontándole hácia su nacimiento: que caminó por una calzada cómoda y muy poblada: que tuvo constantemente á la vista vegas muy bien cultivadas en los llanos, y muchas viñas en los rivazos y laderas á su derecha, ó sea á la izquierda del rio: que á una y otra mano habia rocas ó peñascos calcáreos, ó cubiertos de monte bajo, ó dominados de antiguas casas fuertes y castillos ó de ruinas, que á los entendidos en la historia del país recordaban varias escenas curiosas: que cerca de *Flemalle* le dijeron, que habia estado á la otra parte del rio, el castillo de *Godofre de Bouillon*, uno de los primeros conquistadores de la *Tierra-Santa*: que en *Thiange*, no lejos de *Huy*, labraba San Juan el *Cordero* sus tierras, cuando para probar que aun siendo lego y casado, podia ser obispo de Lieja, y que Dios le llamaba á serlo, clavado en tierra el baston que llevaba, dió en un instante, hojas, flores y manzanas, que segun el historiador Fissen y otros, hay quien diga que de ellas vienen las *manzanas de San Juan*: y que en *Neuf-Moustier* al lado del mismo *Huy*, fue enterrado el célebre Pedro *ermitaño*, impertérrito predicador de la *cruzada* etc.

Tantas bellezas y recuerdos sin embargo no deberán embelesar á nuestro narrador en términos, que se olvide de observar y contar lo que al lado de uno y otro la mano y el interés del hombre plantearon de mas útil y grandioso. Asi por ejemplo podrá decir, que en *Seraing*, á dos leguas de Lieja y á la derecha del rio, logró examinar con cuidado la antigua casa de campo ó quinta del obispo-príncipe, convertida hoy en una magnífica fábrica de hierro y máquinas de vapor. Dirá que por merced de su dueño el escelente John Cockerill siguió todos los pormenores fabriles de su establecimiento: que vió sacar la ulla ú hornaguera de la mina, convertirla en *coak* ó purificarla, juntarla con la vena ya ragoada, y con la *kastina* empleada como fundente; que observó en qué cantidad y proporcion se cargaba con uno y otro el hornalto (*haut fourneau*), cómo se le sangraba y sacaba la coladura (*fonte*); cómo se afinaba esta, y se reducia á hierro ductil y maleable, y cómo al fin aparecia en piezas trabajadas y pulidas con el mayor primor. Dará tambien alguna idea de las enormes máquinas de vapor empleadas en mover y soplar: de la prensa hidráulica destinada en otro tiempo á probar los cables para la marina holandesa: del inmenso y precioso almacen de modelos de todo género de piezas mecánicas, y por último del órden y disciplina que reina en tan varias operaciones y entre mas de 1200 ó 1400 obreros.

Luego, sin dejar aquella orilla del *Mosa*, se trasladará allí cerca al antiguo monasterio del *Val-Saint-Lambert*, transformado en una hermosa fábrica de cristales ó *cristalería*. Indicará la calidad y belleza de sus productos: observará como se caldean los hornos con ulla en vez de leña: notará si todavia emplean tanto plomo de España como antes, en la fábrica de cristal y minio, y se informará sobre todo de si todavia le tachan de dar á aquel, un cierto color azul, que atribuian á falta de cuidado en la reduccion de la *galena* ó alcohol á plomo. Y pasando despues á *Flemalle* en la orilla opuesta, podrá decir, que vió sus canteras, y la cal y piedras picadas que de ellas y sus inmediaciones se sacan, y con las cuales se hace un gran tráfico así en el país como con la Holanda, cuando estaba abierta y espedita la navegacion del *Mosa*; y con eso y con dar alguna idea de las esplotaciones de *alumbre* y alumbrerías, que descubrirá en los altos y á su paso, podrá llegar alegre y contento á *Huy*, villa del antiguo principado de Lieja.

En aquel pueblo, que aunque dividido hoy por el *Mosa*, se halla la mayor parte justamente situada, como dice don Carlos

Coloma, en la ribera de aquel rio, en donde en él desagua el riachuelo *Hoyu*; lo primero que se le ofrecerá á la vista, aun antes de llegar, será el castillo que le domina, reedificado últimamente. A pesar de su situacion fuerte y escarpada, dirá que, habiendo los holandeses tomado el antiguo, en febrero de 1595, por sorpresa y con auxiliares en el pueblo, los españoles tomaron uno y otro en marzo siguiente, y dejaron por gobernador al capitan Antonio de Zornoza. Seguirá con que tomados y saqueados ambos por los franceses en 1693, los españoles los retomaron en 1694, y los guardaron hasta la paz de *Riswick*, en que los devolvieron al obispo de Lieja: y todavia, como si tantas vicisitudes no bastasen, añadirá, que tomados por los franceses en 1701, durante nuestra guerra sucesion, y en 1703 por los aliados, los tomaron de nuevo españoles y franceses en 1705, para caer muy pronto en poder del famoso *Malbourough*.

Dicho esto, si el viajante se hubiese paseado por las orillas del *Hoyu*, y alejádose hasta el castillo ó quinta de *Modave*, que en el país le alabarán, quizas se enfade al ver sepultadas en él algunas contribuciones de sus compatriotas, pues que el conde de *Marchin* ó Marsin que le fundó, mandó alguna vez el ejército de nuestro Felipe IV,

Pero será lo mejor que, sin apartarse tanto, examine á orillas del mismo rio, ya una peña ó roca de lo que llaman *pudinga*, que por refractaria ó resistir mucho al calor, se emplea en los hornos no muy altos, que funden alli cerca con carbon de leña, ya una fábrica de hoja-lata, bastante decaida en el dia, ó bien algunas fábricas de papel que se hallan entreveradas, y activadas, como todo lo demas, con las aguas del mismo rio.

En materia de papel sin embargo, *Andennes*, célebre en otro tiempo por un cabildo de canonesas ó damas nobles, le ofrecerá entre *Huy* y *Namur*, y á la derecha del camino una hermosísima fábrica ó papelería á la moderna. Es tambien de Mr. Coc-kerill de Lieja, y el curioso, si se lo permiten, no hará mal en detenerse á verla, porque la mueve el vapor, y es de aquellas en que, sin que la mano del hombre intervenga mas que para cortar el papel, se hace éste tan largo como se quiera, ó en piezas como las de lienzo. Tambien en el mismo edificio podrá visitar una fábrica de indianas, ó de percales pintados ya á la mano, ó bien con cilindros, que estampan varios colores sin mudarlos: y al lado en otro edificio no menos vasto, tal vez se le proporcione ver una fábrica de loza á la inglesa de no mala calidad.

Namur. XXVIII. Acabadas esas observaciones continuará el viajante á *Namur*. A su paso, el terreno mas quebrado y peñascoso que observará, si por caso fuere geólogo, no dejará de llamar su atencion, y de escitar su curiosidad. Si intentare satisfacerla, deberá, para que le guie en su exámen, procurarse una descripcion geognóstica de la provincia de *Namur* (1), premiada no ha muchos años por la academia de ciencias de Bruselas, y otra mas reciente de la de *Liege*, que tambien lo ha sido (2): y con ambas no solo conocerá perfectamente aquel terreno, sino que de ellas deducirá cuánto mejor es reconocer y describirlos por medio de esa concurrencia, que destinar los gobiernos una ó mas personas al intento.

Todo eso sin embargo no le impedirá ni recordar andando, ni referir despues, lo que en aquel mismo camino y antes de entrar en *Namur*, sucedió en 1579 al duque de Parma. Dirá pues con Strada, que yendo aquel general á pagar los atrasos de la guarnicion española, cuyos soldados alcanzaban mucho, y como todos los demas de-

---

(1) Por Mr. *Cauchy*, ingeniero de minas en aquella provincia.

(2) Por Mr. *Dummont*, mozo de 20 ó 21 años, y muy aficionado á las ciencias, etc.

bian salir del país en virtud de lo convenido con los estados de él; sucedió que habiendo salido de la plaza una partida de corazas, al bajar uno de sus individuos la lanza, segun costumbre, para hacerle los honores, le presentó en la punta su bolsa enteramente vacía. Disimuló el duque cuanto pudo el ultrage, y aun aparentó tomarle á chanza, con lo cual seguirá nuestro narrador, que se envaneció el insolente en términos, que osó dejar su lugar y presentársele; mas que el general entonces, ya demasiado ofendido, no solo le reconvino por su mal ejemplo y le pegó una cuchillada en la cara, sino que mandó ahorcarle al instante, bien que no apareciendo verdugo, y siendo persona calificada, toleró que se escapára á la noche, y andando el tiempo le perdonó y dió una compañía de infantería.

Entrado el viajante en *Namur*, principiará por contar que alli reunió el duque de Alba su ejército en 1567, cuando iba á gobernar los Países-bajos, y los pueblos, dice Groot ó Grotius, que salian como á una romería á su encuentro. Habiendo, segun el aleman Shiller, admirado toda la Europa el órden y disciplina de ejército tan numeroso en una marcha, nada menos que desde el interior de la Italia y atravesando los Alpes, advertirá nuestro relator, que en efecto era eso tanto mas de admirar, cuanto que le acompañaba tal muchedumbre de mozas, que segun Brantome que las vió en Lorena, eran cuatrocientas á caballo, *belles et braves* como princesas, y ochocientas á pie *bien au point aussi* (1).

Luego referirá el modo con que, cuando los Estados se declararon contra don Juan de Austria, tomó este á *Namur* por sorpresa en 1577; y como tratando el ejército de aquellos de atacarle en aquella plaza, prefirió salirle al encuentro; y dando la vanguardia á Antonio de la Olivera y á Fernando de Acosta, no obstante ser diez contra uno los derrotó completamente en *Gemblours* á principios de 1578. Bien es verdad continuará, que en tan memorable jornada no solo le ayudó su sobrino el duque de Parma, á quien advirtiéndole de que el rey no le habia enviado para pelear con las manos, y sí con el consejo, respondió que *mal podia ser general quien primero no hubiese ejercido con valor el cargo de soldado*, sino Cristobal de Mondragon, don Fernando de Toledo y don Bernardino de Mendoza. Tam-

(1) *Hommes illustres etrangers* etc. Mas de cuatro mil mugeres enamoradas pasaron á Tunez con el ejército de Carlos V. segun Sandoval lib. 22. §. 6. y se ve por lo tanto que esa es ya enfermedad vieja.

bien le ayudó el coronel Francisco Verdugo que gobernaba á *Thionville*, y don Juan le llamó para ejercer el oficio de Maestre de campo general en la batalla y encargarle despues el gobierno de *Namur*; y como hasta aqui no hubo ocasion de nombrar á tan famoso guerrero, se dirá con don Carlos Coloma, que siendo un pobre hidalgo de Talavera sentó plaza en la compañía de su paisano don Bernardino de Ayala, y empezó á mostrar sus aceros en la empresa de San Quintin, en términos que mereció ocho escudos de ventaja en ocasion que se daban muy limitados: que tuvo elocuencia natural grandísima, y todas las partes que para ser soldado y gobernador convenian; y que en fin habiéndose distinguido siempre, pero especialmente en la *Frisia*, sobre cuya campaña escribió comentarios, mereció que por ella y sus circunstancias personales le alabasen Meteren y otros escritores enemigos.

Y aqui de paso, y con motivo del recuerdo de ese hidalgo valiente é instruido, advertirá nuestro viajante á los imberbes é ignorantes de su país que con oprobio de la razon y la justicia, no quieren en el dia militar sin comenzar por ser coroneles ó capitanes, que en aquel año llegaron á *Namur* para servir como soldados, de España don Pedro de Toledo hijo del virey de Sicilia, y de Italia don Alfonso de Leyva hijo del de Navarra, con una compañía de cuatrocientos españoles todos caballeros, capitanes y alféreces, de la cual era sargento ó teniente su hermano don Alfonso Sancho de Leyva, y alferez don Diego Hurtado de Mendoza. A todos añadirá, que los atraia el deseo de continuar combatiendo, ó de estudiar el arte militar bajo un caudillo tan acreditado como don Juan, que por desgracia murió poco despues en un fuerte, que habia levantado en un sitio llamado *Buge*, muy inmediato á *Namur*, y en donde en 1554 habia acampado el ejército de Carlos V. su padre. Allí con efecto existe una casita, que no ha mucho visitaban los curiosos por hallarse como estaba cuando murió aquel general, y desde ella dirá el nuestro que llevaron con gran pompa su cadaver á la catedral de la ciudad, de la que dejadas las entrañas, se trasladó lo demas al Escorial.

Acabadas estas noticias históricas entrará el viajante con las industriales y económicas. Tratará desde luego de la canalizacion, es decir, del modo con que se ha encanalado ó convertido en una especie de canal en algunas partes, para hacerle mas navegable, el rio *Sambre* que en *Namur* se junta con el Mosa. Dará alguna idea de la *ferretería* y quincallería, industria tan antigua en aquella ciudad y provincia, que ya en ellas se trabajó mucha parte del armamento y equipo de la armada denominada invencible; de la fábrica de ácido *pyroleñoso* ó vinagre de leña, si estuviere en actividad; y de la academia ó colegio militar que el gobierno belga acaba de establecer. Dirá finalmente algo de las minas y hornos altos esparcidos por la provincia y de su influjo en los montes y arbolados de ella; estendiéndose particularmente en lo relativo á la agricultura, de la cual aunque rica, piensan algunos que no produce lo que debe, por ser demasiado grandes las haciendas ó alquerías, y no estar las tierras tan despedazadas como en las Flandes, ni cultivadas con tanta variedad y diligencia.

FLEURUS, CHARLEROI BINCH Y MONS. XXIX. Pudiéndose ir desde Namur á París por dos caminos, y ofreciendo ambos muchos recuerdos, será menester que alli se decida el viajante por uno de ellos. Si por no pasar por *Rocroy*, en cuyo campo pretenden los franceses, que el príncipe de Condé eclipsó en 1643 toda la antigua gloria de la infantería española, prefiriere continuar á París, por *Mons*, *Valenciennes*, *Cambray* &c. que es lo mas comun; en tal caso al atravesar *Fleurus*, deberá acordarse de que alli, en 1622 derrotó don Gonzalo de Córdoba al conde Ernesto de Mansfeld y al obispo de Halberstad, y que mas tarde en 1690, derrotó el mariscal de Luxembourg al ejército aliado, ó sea al español y olandes mandado por el príncipe de Waldeck. Mas adelante en *Charleroi*, recordará que aquella plaza fue en 1666 edificada por el marques de Castel-Rodrigo en memoria de nuestro rey Carlos II, y que en 1693 la defendió valientemente el marques de Villadárias, anunciando muy á la ligera las veces que entró y salió de nuestra dominacion; y finalmente en *Binch*, contará antes de todo la magnificencia con que María, reina viuda de Hungría, alojó en 1549 á su hermano Carlos V. y al príncipe don Felipe su hijo, y el torneo de á pie y sin balla, que alli propusieron y mantuvieron seis caballeros de nombre y armas de *tres golpes de pica y cinco de espada; tres golpes de lanza y tres con el trozo de ella, un tiro de lanza javalina, y siete golpes de espada de dos manos y nueve de hacha*, siendo obligacion de los aventureros al entrar en el campo, el tocar primero en una pluma que Madamisela de Sierstein llevaba por empresa.

En tan curioso torneo, en que entre otros españoles que justaron se señaló Juan Quijada en la espada, Gaspar de Robles combatió diestramente de todas armas, Felipe II peleó de pica y espada con mucha destreza, y don Alonso Pimentel vino al suelo por culpa suya (*); dirá el viajante, que el duque de Alba fue uno de los jueces: y pasando de ese simulacro á la verdadera guerra hará mencion, ya de cómo el mismo Alba entró en 1568 en *Binch* persiguiendo al príncipe de Orange, y en sus inmediaciones hirieron á Sancho Dávila, ya de cómo la tomó don Juan de Austria en 1578, y ya de cómo en el mismo año y poco despues de su muerte, en tanto que el capitan Diego de Gaona que la defendia con cinco compañías y habia rechazado ya tres asaltos, trataba de capitular con el duque de Alenzon, los franceses que este mandaba, entraron atropelladamente en la plaza y cometieron mil escesos.

Llegado el viagero á *Mons* principiará por contar que, cuando Luis de Nassau se apoderó en 1572 de aquella plaza entonces fuerte y ahora mas, y que por orden del duque de Alba fue su hijo don Fadrique á sitiarla, desbarató este en las cercanías no lejos de *Saint-Ghislain* á Mr. de Senlis, que venia de Francia á socorrerla con mucha y muy buena gente. En tan glo-

---

(1) Calvete de Estrella lib. 3. pág. 185.

riosa accion, no deberá omitir que murieron don Lope de Zapata, el capitan Alonso de Lumbrales y el teniente Antonio Ceron de la compañía de arcabuceros á caballo de García de Valdés; y pagado ese ligero tributo á su memoria, continuará con que defendiéndose bien la plaza, y habiendo ido el duque en persona y con mas gente á estrecharla, el príncipe de Orange se fue tras de él con la suya resuelto á impedir que la tomara; mas que como en la guerra mejor que en otras cosas, el hombre propone y Dios dispone, habiéndose peleado junto á *Jemappes*, Alba *que traia un balandran de paño azul sin otras armas*, ayudado del de Medinaceli que las llevaba negras y doradas con casaca de terciopelo negro, de Sancho Dávila, de Julian Romero, de sus hijos don Fadrique y don Fernando, y principalmente de la arcabucería española, que dió entonces una de sus muchas pruebas de valor venció completamente á Orange. Y no contento con eso, seguirá el viajante contando que el duque, para acabar con la gente que á su enemigo quedaba, determinó darle una encamisada (*) en la aldea de

---

(*) Asi se llamaban antiguamente las sorpresas intentadas de noche, por que los soldados para reconocerse se ponian la camisa sobre el vestido, ó se la sacaban sobre los calzones.

Armeni á donde se habia retirado; por lo cual confiada la vanguardia al Maestre de campo Julian Romero con los capitanes Juan de Salazar Sarmiento, don Antonio Mojica, don Marcos de Toledo y don Rodrigo Zapata, entraron los dos últimos en el campo enemigo con la mayor determinacion, y de tal modo le sorprendieron, segun Strada, que hubieran cogido á Orange, si una perrilla no le hubiese despertado. Pero escapóse y abandonó el país, no sin haber perdido los españoles á sesenta de los suyos y al valeroso capitan don Antonio Mojica, por no haberse retirado como debian asi que oyeron la señal de hacerlo.

De resultas de todo eso dirá el viajante, que la guarnicion de *Mons* capituló, y que no obstante ser los que la componian *rebeldes á Dios y á su rey*, el duque de Alba cumplió religiosamente lo pactado. En lo cual nota el frances Brantome que se mostró gran capitan, y tanto mas digno de ser loado, cuanto que el mismo Brantome su contemporáneo conocia entonces á muchos, que en iguales circunstancias se habian conducido de otra suerte en Francia, alegando que *á rebeldes y á herejes* no se les debia guardar fé ni palabra. Esta opinion observará tambien nuestro narrador, que no ha mucho que la sostuvieron los que gobernaban aquel país; y que ya que en él se trata contínuamente de bárbaros y feroces al duque de Alba y á Felipe II, no estaria de mas que estudiasen algo mas sus acciones: puesto que ese rey tan vituperado, cuando el duque de Parma le consultó, que destino daria á Mr. de la Noue cogido en 1579 con las armas en la mano, despues de haberlo sido igualmente en *Tournai*, en *Moncontour* y en *Mons* por el duque de Alba, y haber siempre prometido no auxiliar á los rebeldes, ninguna respuesta tuvo, y encerrado en el castillo de *Limbourg*, dice Strada que fue cangeado cinco años despues por el conde de Egmont.

A esta reflexion se añadirá la de que los de *Mons* fueron los primeros á reconocer en 1581, que si el mismo rey Felipe no volvia los soldados españoles, los del país no se podian entender entre ellos, y públicamente se gritaba que fueran cuantos españoles quisiera. Con lo cual y con indicar que alli publicó en 1636 el cardenal infante don Fernando la declaracion de guerra á la Francia que le llevó hasta las cercanías de París, la emprenderá el viajante con tantas cosas útiles y curiosas como en *Mons* y en toda la provincia del *Hainaut*, cuya capital es, deben llamar su atencion. Así que despues de dar alguna idea de la biblioteca pública, de la iglesia gótica de *Sainte-Waldru*, y de algun otro objeto artístico en la ciudad, se detendrá como es debido en dar razon de los canales de *Condé* y *Antoing*, esplicando cual es su administracion y en general su utilidad para el progreso de las numerosas y ricas esplotaciones de hornaguera en aquel territorio, especialmente del conocido bajo el nombre de *Borinage*. Describirá el magnífico establecimiento de Mr. Degorges, que puede compararse á una poblacion; tratará de los hornos-altos, de la ferretería y clavetería, de las canteras de marmol y piedras de fusil, molinos etc. y de varios otros ramos de industria, que enriquecen y vivifican aquel país, del que asi como de toda la Bélgica, se despedirá el viajante para *Valenciennes*, que hoy pertenece á la Francia.

Valenciennes, Bouchain y Cambray.

XXX. Sin averiguar si el castillo ó casa fuerte de *Bossu*, cuyas ruinas se pueden examinar al paso, fue el que se cuenta que su conde quemó por magnificencia, despues de haber alojado á Carlos V., lo primero que al tratar de *Valenciennes* habrá nuestro viajador de recordar y contar, será que en 1553 hallándose parte del ejército del mismo Carlos dentro de la ciudad y los españoles fuera de ella, por mas que Enrique II de

Francia trabajó para romperlos en batalla, nada consiguió, y se tuvo que retirar al cabo de varias escaramuzas. Luego contará de qué modo, habiendo en 1572, abierto los habitantes las puertas á los franceses, y retirádose la poca guarnicion al castillo, fue don Juan de Mendoza al socorro de ella, y lo hizo tan bien que no solo cobró la ciudad, sino que matando á muchos de los enemigos, les ganó nueve banderas. Dirá tambien, que en 1576, habiéndose declarado la guarnicion de la plaza por los estados, y tenídose que retirar al castillo don Diego Orejon de Liévana con unos cincuenta españoles, hallándose sin vituallas, la entregó al cabo de tres dias de cañoneo; y para qué se preguntará el viajante? para que seis años despues, es decir en 1582, hallándose el duque de Parma por navidad en aquella plaza, fueran los nobles del país, y lo que es mas sus mismos estados á rogarle, que pidiera al rey la vuelta, y asi se lo acordó, de aquellos españoles que tres veces habian salido de la Flandes, por acusárseles de que solo por su interés sostenian la guerra y fomentaban la disension. Y de *Valenciennes* en fin acabará por contar en cuanto á andanzas militares, que si bien don Juan de Austria (el hijo de Felipe IV) forzó en 1665 las líneas de los mariscales de Turenne y la

Ferté, y los hizo levantar el sitio de aquella plaza; por no haberla socorrido en 1677 el duque de Villahermosa gobernador de los Países-bajos, cayó en manos de Luis XIV, y quedó desde entonces á la Francia.

Si el viajante fuese militar aun podrá añadir á eso, que la ciudadela y fortificacion actual de *Valenciennes* son obra de Vauban, y que no estan por cierto en muy buen estado; y séalo ó no lo sea, no dejará de dar algunas noticias de las batistas y linones que alli se fabrican y forman un gran comercio con el norte y mediodia de la Europa; de la biblioteca y algunos cuadros y antigüedades que se conservan en la ciudad; de las profundas minas de carbon y otros ramos de industria de fuera de ella, y principalmente del estado de la agricultura, que quizás sea la mas adelantada de la Francia, y la que cultiva con mas variedad. Entre sus diversos frutos podrá citar las achicorias, de las cuales dirá, que de resultas de los terribles decretos de Napoleon contra los géneros coloniales, comenzaron á usarse despues de tostadas y molidas, en remplazo del café; y que de tal modo se arraigó su gusto en el pueblo de aquella parte de Francia y del de mucha otra de la Bélgica, que apesar del ínfimo precio actual del café colonial, todavia se hace un gran consumo del llamado *Café Chicoré*

Habiendo sido en *Valenciennes*, en donde el duque de Parma reunió en 1590 su ejército para entrar en Francia al socorro de la *Liga católica*; y como que allí fue tambien á donde llegaron los diputados de la ciudad de París á rogarle, que se apresurara á sacarlos de la estrechez y miseria en que los tenia Enrique IV; si nuestro viajante intentare llegar á aquella capital siguiendo el mismo camino que el duque y su ejército, en tal caso se dirigirá á *Landrecies*, *Guise*, *Laon* etc. que don Carlos Coloma, Antonio Carnero, Enrique Caterino Dávila y otros escritores le indicarán. Si aun quisiere mayor rodeo, y entrar tambien en París, dejando á sus puertas al mismo insigne caudillo, despues de haberle seguido en su admirable campaña del socorro de *Rouen*, salida de *Caudebeck*, paso del *Sena* en su parte mas ancha y cercana al mar, llegada á *Saint-Cloud*, y por hallar cortado aquel puente, repaso del *Sena* por *Charenton*, y retirada á los Países-bajos; que siga igualmente á los mismos escritores desde *Guise* en donde en fines de 1591 se reunió al intento el ejército español con el de la *Liga*. Y si por fin se empeñare en recorrer y examinar todos los lugares en que, desde nuestro primer Carlos hasta el segundo, se vertió con valentía sangre española en aquella parte de Europa, espantando mas de una vez á los malandrines de París; que llene bien el bolsillo y acompañado de los mismos escritores y varios otros nacionales y estrangeros se lance por la antigua *Picardia* el *Artois* etc. y quizás en un buen verano no acabe su esploracion. Pero si saturado ya, por decirlo asi, de demasiada gloria, le pareciere llegado el caso de regresar á su patria á renovar el gusto de ella, antes que á inocularla de los vicios ó estravagancias políticas que otros le traen de sus caravanas; entonces lo mejor será que continuando via recta hasta cerca de París, vaya desde luego de *Valenciennes* á *Cambray*.

En el intermedio y á su paso por el glacis de *Bouchain*, podrá recordar á la ligera las veces que aquella plaza fue perdida y ganada en nombre del rey de España. Esplicará sobre todo el modo con que la tomaron sus compatiotas en 1595, y otra vez en 1636, y como la perdieron para siempre en 1676. Ya en *Cambray*, otra plaza francesa cuya ciudadela levantó el emperador Carlos V. en 1543 para contener por aquella parte á los franceses, podrá estenderse en varios y muy importantes recuerdos asi militares como diplomáticos. Si el viajante fuere dado á estos, no estará de mas que al indicar la famosa *Liga de Cambray*, por haberse alli formado en 1508 contra los venecianos, diga que con ella principió la ciencia diplomática en Europa, y que aquella ocasion fue una de las en que nuestro rey católico don Fernando mostró realmente, como dice Saavedra, que *en sus resoluciones antes se veian los efectos que las causas*. Con el recuerdo del tratado de 1529, llamado comunmente de las Damas, por haberle negociado solas en *Cambray* Luisa de Saboya madre de Francisco I y Margarita de Austria tia de Carlos V. repita con el historiador de las *Repúblicas Italianas*, que aquel tratado en que se dulcificó el de Madrid, y se arreglaron las diferencias entre Carlos y Francisco, es tal vez el mas vergonzoso de toda la diplomacia francesa. Al tratar de la tregua firmada en aquella ciudad en 1556 entre Felipe y Enrique, ambos segundos de España y Francia, que el último violó inducido por el Papa Paulo IV. ciego enemigo de la casa de Austria, recordará no tanto la razon con que Felipe decia en 1580, que el Papa consentiria en que se perdiese la religion en los Países-bajos porque los perdiese él (1), sino

(1) Carta de Felipe II escrita desde Lisboa al Cardenal Granvela, en Cabrera lib. 13. cap. 12 año de 1582.

los males que, continuando la ciega enemiga de los Papas contra España, le hicieron en el siglo siguiente protegiendo las revoluciones de Cataluña y Portugal, y privándola de éste. Y finalmente al citar el glorioso tratado que, despues de vencer el mismo Felipe en san Quintin, se firmó en *Catheau Cambressis*, alli cerca en 1559, proclame altamente que los españoles vencian entonces y negociaban con ventajas, porque todavia eran mas libres que sus enemigos. Por consecuencia de eso volverá á insistir en que sin libertad no hay ciencia ni patriotismo, sin lo cual solo accidentalmente se vence; y como ambas cosas son desconocidas en los gobiernos absolutos, para muestra de que el de España aun no lo era, no hará mal nuestro liberal viajante en indicar que, en el mismo año de 1559, cuando Felipe II podria estar mas orgulloso con aquel triunfo y tratado, *Señor*, le dijeron las cortes á su vuelta, *los gastos de vuestro real estado y mesa son muy crecidos, y entendemos que convernia al bien de estos reinos que V. M. los moderase.* Contado lo cual, y entrando luego en los recuerdos militares que ofrece *Cambray* á todo español, referirá el nuestro cómo defendió Carlos V. aquella plaza en 1553, cómo la asedió en vano el duque de Parma en 1581, cómo la tomó el conde de Fuentes en 1595, y como la perdió don Pedro de Zabala en 1677. A eso podrá añadir tal cual noticia relativa á Don Agustin Mesía, don Alonso de Mendoza, don Sancho Martinez de Leyva, don Carlos Coloma y otros castellanos ó gobernadores de aquel castillo ó ciudadela, y del *Cambressi*, dando fin á tan largo artículo con alguna idea de la biblioteca pública, del sepulcro de Fenelon ó sea del autor del Telémaco, y de la fabricacion de alfombras y batistas, ó sea de aquellos finísimos cambrayes tan encomiados en nuestras antiguas novelas y poesías.

Saint-Quentin, ó San Quintin XXXI. Alternando la *Diligencia* de Cambray á París en pasar unas veces por *Perbrine* y otras por *Saint-Quentin* ó San Quintin, claro está que si nuestro viajador patriota camináre en ella, habrá de preferir lo segundo. Fuera insulto suponerle tan ignorante de su propio país que, antes de examinar los estraños, no hubiese estudiado la historia de él, y acaso visitado los bellos monumentos que le adornan. Por lo tanto y contando con que si tiene medios para andar con desahogo en otras tierras, no debió regateárselos en la suya para ir á Madrid, y visitar el Escorial; daremos por sentado que lo hizo, y que debia hacerlo. Diremos por consecuencia, que en el friso de la escalera principal de aquel monasterio vió con placer la batalla y toma de San Quintin pintada por Jordan al fresco en ella; y con ese antecedente ¿hay nada mas natural, que creerle ansioso de llegar á un punto, desde el cual victoriosos sus compatriotas en 1557, espantaron segunda vez á ese Paris (1), que por despique tal vez, nos envia hoy tantas lindezas?

Ese deseo y recuerdo no deben con todo impacientarle hasta el punto, de olvidar en su tránsito algunas ocurrencias importantes; puesto que en la puerta misma de *Cambray* sucedió en 1594, quedar prisionero el teniente Francisco de Guevara, por haberle arrebatado hasta ella su caballo, desbocado en una accion contra la caballería francesa. Sobre lo cual deberá contar, que hallándose el Maestre de campo don Agustin Mesía con su tercio y otras tropas cerca de *Cambray*, que ya se trataba de asediar, y habiéndo ocurrido ciertos dimes y diretes entre españoles y franceses, por pretender estos que su caballería valia mas que la de aquellos, propuso don Agustin al gobernador de la plaza por medio

(1) En 1544 resuelto Carlos V á ir con su ejército hasta Paris, se encaminó hácia él por la Lorena, y tanto se acercó que los estudiantes tomaron las armas, y se comenzó á fortificar la ciudad para defenderla; pero cesó el miedo con la paz hecha en *Soissons*.

de un trompeta, que la competencia se decidiese viéndose los doscientos caballos de su guarnicion con otros tantos españoles, que cuando menos se catase los tendria á las puertas, en inteligencia de que le daba fé y palabra de caballero de que no irian en mas número.

Este embite tan parecido á otros que hubo en Nápoles en tiempo del Gran-Capitan, primero entre italianos y franceses, y despues entre estos y los españoles, fue admitido por el gobernador Mr. de Baligni, que por su parte tambien queria echar el resto. Mientras tanto el historiador Coloma, comandante de la caballería, escojió los mejores doscientos caballos, y salió con ellos al campo, con el doble objeto de emboscarse y coger el ganado que de la plaza solian enviar á pastar al mediodia, y de pelear en el caso con la caballería, que el gobernador enviase á defenderle. Mas ocurrió que, habiendo salido igualmente en aquella mañana la caballería francesa de las guarniciones de *Peronne* y *Saint-Quentin*, con ánimo de ofender al campo español, y mostrándose junto á la aldea de *Nerny* con intencion de atacar á Coloma, este y los suyos que se apercibieron de ello, enviando con una corta escolta el ganado que habian cogido, se antepusieron á cargarla. Dirigiose pues contra ella el capitan Pedro Gallego que llevaba la vanguardia; pero adelantándose á todos don Francisco de Padilla, el mismo Coloma cuenta que fue el primero que *rompió como buen caballero su lanza.* Siguiéronle luego otros y otros que, abriendo el escuadron enemigo le desordenaron y derrotaron, perdiendo sí, al teniente Nabajas que murió de sus heridas, y al ya dicho prisionero Guevara, mas conociendo al fin los franceses que la caballaría española no era tan endeble como creian.

A esta noticia seguirá la de que no lejos del punto de reunion de los dos caminos de *Saint-Quentin* y *Peronne*, el mismo Coloma y el capitan Hernando de Salazar derrotaron en 1595 un refuerzo de caballería, que iba desde *Peronne* á *Cambray*, sitiada ya por el conde de Fuentes. Y mas adelante, entrado ya el viajante en el camino de *Saint-Quentin*, al ver á *Catelet* ó *Chatelet* se acordará, y referirá á su tiempo el modo, con que antes de eso y en el mismo año, tomó aquella plaza el tercio de don Agustin Mesia, habiéndola asaltado los capitanes don Gonzalo Mesía, Antonio Sarmiento Losada, don Pedro de Guevara, Blasco de Carvajál y el alferez Alonso Corrál. Tambien dirá, que, tratándose en seguida de tomar el castillo, y habiéndole asaltado el mismo capitan

Losada, y los de su clase Hernan Gomez de Contreras, don Juan de Silva, Diego de Ulloa, y Alonso de Rivera, por haberlo considerado mas como soldados que como oficiales, y pasado mas allá de la orden que llevaban, fueron rechazados con pérdida de veinte y cinco ó treinta de los mas honrados, capitulando en seguida la guarnicion por ver, que don Agustin preparaba segundo asalto.

A eso podrá agregar, que el príncipe Tomás de Saboya, por orden del cardenal infante don Fernando, tomó en 1636 á *Catelet* en tres dias, y que tomando en seguida otros puntos y adelantándose hasta el rio *Somme*, llegaron las descubiertas españolas hasta las puertas de París; pero como nuestro viajante no va tan de priesa, ni pasará tampoco por *Roye*, *Corbié*, y otros pueblos sometidos en tonces, continuará su narracion con que en el mismo año de 1595 en que se tomó á *Catelet* ó *Chatelet*, yendo á su socorro desde *Saint-Quentin* una partida de dragones con sacos de pólvora en las grupas, la derrotó el duque de Pastrana entre los dos pueblos, con su compañía de caballos y otras.

En tan corta jornada como son las doce leguas francesas que hay desde Cambray á *Saint-Quentin*, no parece que el viajante deba quejarse de haberle faltado en el intermedio pábulo á su imaginacion toda española. Sin embargo, si quisiere terminar aquel tránsito con mayor placer todavia, y llegar á san Quintin ayudado hasta de las bellezas de la poesía, hará bien y muy bien en proveerse anticipadamente de la *Araucana* de don Alonso de Ercilla. Porque como quiera que aquel soldado y poeta fuese uno de los que con carácter muy nacional, en vez de blasonar de ignorante, *tomaba ahora la espada, ahora la pluma*, y con esta escribia de noche lo que peleaba de dia, habiéndose hallado en la batalla y toma de san Quintin, no hay guia mejor ni mas agradable para saber lo ocurrido en ellas. Por lo cual si nuestro español al acercarse al pueblo, ó al divisar sus murallas, tuviere al lado algun compatriota que no hubiere renegado, ó bien á cualquiera estrangero entendido en nuestras cosas y que no sea frances, podrá decirle á la oreja

aquella es san Quintin, que ves delante,
que en vano contraviene á su ruina,
presidio principal, plaza importante,
y del furor del gran Felipe digna........

y luego entrar en la plaza con aquel otro pasage en que, describiendo Ercilla con toda propiedad un saqueo, cuenta que los soldados españoles en el de san Quintin

acá y allá rompiendo y desquiciando,
sin respetar lugares reservados,
las casas de alto á bajo escudriñaban,
y á tiento sin parar corriendo audaban etc.

hasta que don Pedro Padilla y don Juan de Mendoza moderaron con diligencia su furor, y el mismo Felipe II entró tambien en el pueblo para calmarlos.

Alojado ya el viajero y reposado lo que su impaciencia le permita, se trasladará al terreno en que en 10 de agosto de 1557 se dió una de las mas memorables batallas de aquel siglo, notando al paso que los ingleses que, trece años antes habian consentido en que el duque de Alburquerque fuera general del ejército que enviaron á la Normandía (1), consintieron igualmente que la reina María á pesar del parlamento y de su consejo privado, ayudara en aquella guerra con ocho mil soldados á su marido Felipe II. En se-

(1) *Y los españoles estuvieron muy contentos de que el rey Enrique VIII quisiera hacer tanto honor á la nacion castellana*, dice Sandoval lib. 26, §. 6. año de 1544.

guida reconocerá si pudiere, los lugares en que puso las trincheras para atacar la plaza, don Bernardino de Mendoza, que murió al fin de fatiga, y por donde la envistieron Julian Romero, y los maestres de campo Cáceres y Navarrete. Detendráse principalmente en aquel por donde se dió el asalto, en que se distinguieron don Juan Manrique de Lara, don Juan de Zúñiga, don Alvaro de Sande, don Juan de Acuña Vela, don Frances de Alaba, don Iñigo de Mendoza, don Alonso Quijada, don Rodrigo Manuel, Garci Laso Portocarrero, don Pedro de Granada Venegas, don García de Granada, y el capitan Luis Cabrera de Córdoba, que murió, y fue el primero que, segun su nieto el historiador de Felipe II, entró en la plaza con su alferez Juan Cabrera.

Pero aquí mismo deberá decir, al recordar nombres tan ilustres y referir tamaña empresa "aquí en san Quintin en don»de esos insignes españoles se mostraron en»tonces tan firmes y resueltos para vencer; »aquí en este mismo lugar ha visto la gene»racion actual tal vez á sus propios descen»dientes, mostrar en la desgracia y venci»miento acaso mayor firmeza y patriotismo. »En hora buena que entre los estraños pase es»te alguna vez por salvaje, y que no falten por »desgracia entre los propios, quienes le ta-

»chen de anárquico ó fanático, y nada encuentren en su patria que se parezca á esa »mas bien corrompida que civilizada Euro»pa. Mas por fortuna y para nuestra gloria, »en el tiempo en que esos ó insensatos ó pu»silánimes se sometian al fementido Napo»leon y le ayudaban á destruir nuestra hon»rada España, muchos de los fuertes que de»fendian su independencia, y cayeron en »manos de aquel monstruoso tirano y sus sa»télites, vinieron aquí á san Quintin á sufrir »grandes miserias, y á morir sino de ham»bre ó inanicion, del mal ó enfermedad de la »patria. Sin embargo, en medio de tal aflic»cion, y de que para salir de tamaña desdi»cha, no tenian mas que pronunciar una sola »palabra; con firmeza verdaderamente es»pañola resistieron sin titubear á los que no »cesaban de instigarlos á que desertasen la »causa de la independencia nacional. De sus »resultas nos han dejado, un sublime ejem»plo, un gran modelo que imitar: y hoy es »el dia en que el pueblo de san Quintin y »toda la antigua Picardía todavia admiran »tanta fortaleza, y que como Namúr, Lie»ge, Amberes, Flesinga, Ostende, y demas »puntos en que trabajaron nuestros prisio»neros, tributan los mayores elogios á su »honradez y patriotismo."

Dado ese ligero recuerdo á quienes tan

grandes los merecen, ya puede nuestro viajante entrar sin pena á describir el canal de san Quintin, y sus obras subterráneas, á que aquellos ayudaron. Seguirá luego con la industria bien entendida en aquel pueblo, especialmente en lo que toca á gasas, percales, y otros artículos de algodon, y sobre todo á la fabricacion del azucar de remolachas. Como quiera que ese es un artículo enteramente desconocido en España, y que por lo tanto acaso haya muchos que le tengan por inútil, mientras que la Habana, Puerto-rico y Filipinas nos envien el azucar barata, se detendrá cuanto pueda, á manifestar su utilidad y ventajas no en favor de los golosos, sino de la clase mas útil y necesitada, ó sea de la agricultura en general, á la que con la ceba de ganados y el abono que de ahí resulta á las tierras, produce otros beneficios que con confites y jaleas.

Ham, Noyon y Compiegne XXXII. Entre san Quintin y *Ham* se acordará nuestro peregrinante del valor con que Diego de Valenzuela de Córdoba, Diego Perez Arnalte de Ocaña, y Antonio Quiñones derrotaron, antes de la toma de san Quintin, un socorro que desde *Ham* le llevaba Dandelot hermano del almirante Coligni. Al pasar por *Ham*, en donde no necesita detenerse, verá unas antiguas murallas y castillo, famoso, le dirá don Carlos Coloma por la batería (brecha) que le hizo Felipe II, poco antes (1) de la batalla de san Quintin; pero no menos famoso podia haber añadido, por la triste suerte, que él mismo cuenta, que alli tuvieron algunos soldados del mismo rey. Referirá pues con ese motivo el viajante, que, tomados la plaza y castillo de *Ham* en el tiempo que acaba de indicarse, y restituidos á la Francia con *Catelet* y san Quintin, en cambio de las ciento y cincuenta villas, que ella devolvia por el trato de *Catheau-Cambressis*, todavia en 1592 reconoció *Ham* otra vez la autoridad de Felipe II. Que eso fue, continuará, porque su gobernador, asi como los de *Laon*, *Peronne*, *Noyon* y la *Fére*, le prestó fé y homenage y se reconoció su vasallo en manos del conde de Mansfeld; juramento y homenage que si bien desaparecieron, debilitada la Liga católica con la conversion de Enrique IV, y desercion de algunos de sus primeros agentes, todavia hubo en *Ham* en 1595 un gobernador llamado Mr. de Ganneron, que por dinero ofreció al conde de Fuentes entregarle aquella plaza y castillo.

(1) Habiendo capitulado *Ham*, segun Cabrera, el 12 de setiembre de 1557, resulta que fue atacada la plaza despues y no antes de lo de san Quintin como dice Coloma.

De resultas de este trato, seguirá nuestro narrador, entraron á guarnecer la plaza los capitanes Hernando de Olmedo y Chico de Sangro con algunas compañías de españoles, italianos, y walones. Quedaba aun por entregar el castillo; y en tanto que Ganneron iba á terminar lo concerniente á eso, le dejó encargado á su hermanastro Mr d' Orvile que sin atender, ni al riesgo que aquel corria si no se cumplia lo pactado, ni á lo que de orden del conde de Fuentes fue á proponerle el burgalés Hernando de Frias, introdujo en él furtivamente y de noche un buen socorro francés. No lo hizo sin embargo con tanta reserva que los de la plaza no lo supieran, y que conociendo su riesgo, no empezáran desde luego á fortificarse para defenderla por lo menos hasta que Fuentes llegára á su socorro. Mas anduvieron muy á la ligera, y aunque rechazaron con brio un primer ataque, tuvieron que sucumbir á la segunda salida del castillo con mayores fuerzas y auxilio, y quedaron prisioneros Hernando de Olmedo y Chico de Sangro, y muerto Frias de sus heridas, habiendo peleado valientemente aunque no era militar, teniendo igual suerte ochenta españoles, y hasta trescientos cincuenta de las demas naciones, porque á nadie se dió cuartel sino á los oficiales cuyo rescate podia valer.

A tan triste recuerdo se agregará, que asi que el conde de Fuentes supo ese suceso, envió á Mr. de Ganneron bien escoltado á que reclamara de su hermano el cumplimiento de lo pactado; pero que no alcanzando nada, y no ablandándole tampoco las lágrimas de su madre, le cortó un berdugo alemán la cabeza á la vista del mismo castillo; que prescindiendo de esos melancólicos antecedentes, todavia tiene en el dia un motivo especial para alejar de él á todo patriota español. Porque allí, en aquella antigua fortaleza están encerrados Polignac, Peyronnet y otros ministros del destronado Cárlos X: y como este y algunos de aquellos ministros que lo eran tambien de Luis XVIII, fueron ó instigadores ó instrumentos de este en la empresa de envejecer á España con el absolutismo, al paso que dentro y fuera de su país blasonaban de ser partidarios de la libertad de la *Carta*; no dejará nuestro pasagero de notar que el imbecil Carlos cayó con toda su máquina ministerial y salió de Francia, al cabo de un periodo igual al que tardó en caer con la suya é ir á santa Elena aquel Napoleon que, siendo absoluto en su imperio, queria rejuvenecernos con la constitucion de Bayona. Tan fatal coincidencia, de ningun modo la dejará el viajante pasar sin dirijir dos palabras á los propios y á los estraños; á estos insinuándoles que podrán igualmente naufragar cuantos desde allá intenten regenerarnos con la fuerza, y á aquellos que de una vez para siempre se convenzan de que como decia nuestro político Saavedra, *nada es seguro, si se funda en presupuestos, que dependan del arbitrio ageno.*

Con estas y otras reflexiones podrá el viajante llegar á *Noyon.* Allí, tomando las noticias de algo atras, no deberá olvidarse del tratado concluido en 1517 entre Francisco I, y nuestro Carlos entonces tambien primero, pues que aun no era emperador, quinto de su nombre en Alemania. Con aquel tratado dirá, que si bien se terminó la guerra encendida por la liga de Cambray, por circunstancias que podrá esplicar, quedó tela cortada para otras guerras y se reveló en él á nuestros mayores la política que iba á seguir la dinastía austriaca: puesto que en tanto que Francisco abandonaba sus perdidos derechos sobre Nápoles, de que ya los españoles estaban en plena posesion; Carlos no solo se convino en pagarle cien mil ducados anuales, para que apareciera tener algunos, sino que olvidando lo convenido en 1515 entre el rey católico y las córtes de Burgos, á cerca de la union perpétua de la Navarra á Castilla, consintió en que la posesion de aquel reino se decidiera por jueces, que si reconocian el derecho de Juan Labrit, se le habia de restituir, ó permitir á otros que le ayudasen á recuperarle.

A esas noticias se seguirán las de la toma y quema de *Noyon* y algunos pueblos inmediatos por el ejército del mismo Carlos en 1552, y el haberla vuelto á tomar en tiempo de su hijo, ó sea en 1593, el maestre de campo don Luis de Velasco, muriendo en el asalto Sebastian de Castro y Hernando de Pasamar, hidalgos muy honrados y muy queridos de todos los soldados de su nacion. Tambien como cosa curiosa contará, que de *Noyon* era el famoso protestante Calvino, el cual en tanto que clamaba contra la inquisicion porque quemaba á sus sectarios, ningun reparo tuvo en hacer quemar al aragones Miguél de Villanova ó Servet, porque no creia como él en la Trinidad; y agregando á eso alguna idea de las antigüedades políticas de *Noyon*, tenido por uno de los primeros pueblos que tuvieron *ayuntamiento* en Francia, de su catedral, de tal cual fábrica de muselina, de sus casas de madera techadas con paja, y de su navegacion ó comunicacion por el *Oise* con Paris, y por el canal con san Quintin, se encaminará nuestro viajante sin gran detencion á *Compiegne*.

Allí, aunque en calles y casas hallará

tan poco que admirar como en Noyon, no hará mal en visitar un palacio, que en su tiempo frecuentaban los dos Luises XIV y XV de Francia. Aun hará mejor en pasearse por el gran bosque que le avecina, ya sea por enterarse de su cuidado, ó bien por averiguar de qué modo se preparan en él ó en otros, las cenizas vegetales de que en *Compiegne* se hace algun comercio. Antes ó despues de eso, segun que al buen viajero se le antojare, podrá contar que en 1591, mandando el duque de Maine el ejército de la *Liga* católica, y queriendo tomar por sorpresa á *Compiegne*, solicitó en el acto nuestro maestre de campo don Antonio de Zúñiga, que una vez que los franceses eran menos prácticos y diestros que los españoles en asaltar plazas y escalarlas, se les diesen las escalas con preferencia para entrar en *Compiegne*; mas que el duque, ó sentido ó envidioso, se las entregó á sus franceses, que tanto hablaron y tanto se detuvieron, que dejaron pasar la noche sin hacer nada absolutamente.

Contará igualmente á continuacion, que al año siguiente, mandando el mismo duque el ejército, por ausencia del de Parma, se estuvo tambien á pique de tomar por inteligencia á *Compiegne*; lo cual como se detuviera demasiado, y el duque quisiera cortar los víveres que llevaban á París, se fué con su gente á destruir el fuerte que para protegerlos, levantaba Enrique IV en *Gourney*, y al paso y como por diversion don Carlos Coloma que mandaba la caballería, degolló dos compañías francesas en *Rentilly*. Y de *Compiegne* en fin para acabar, dirá, que fue inútil cuanto desde alli intentó Enrique IV para socorrer á Noyon, cuando en 1593 la tomaron como ya se insinuó, los tércios de don Antonio de Zúñiga y don Luis de Velasco, y el de don Alonso de Idiaquez, mandado por su sargento mayor Gonzalo de Luna (1).

SENLIS, MEAUX, LAGNI, CORBEIL Y PARÍS.

XXXIII. Como que desde *Compiegne* á París ya no quedan mas que unas veinte leguas, y que nuestro viajador patriota no ha renunciado á la idea de entrar en la capital de Francia, siguiendo como ya se indicó en Valenciennes, al duque de Parma y su ejército, deberá decidirse alli ó á dejar el camino recto, dirijiéndose por un transversal á *Meaux*, ó bien á continuar derecho á *Senlis*. En el caso de preferir lo último, asi que descubra el campanario y aguja de su antigua catedral, ¡*oh vanas hominum mentes etc*! ¡oh mentecatéz

(1) Coloma lib. 6. pág. 228.

castellana y especialmente portuguesa! deberá esclamar, si fuere partidario de la union política y nacional de toda nuestra península. ¡Oh insensatéz de hombres dirá, que, teniendo un mismo orígen, habitando un mismo suelo, y conviniendo todos en las ventajas recíprocas de *uninacionaros*, en vez de poneros en remate, y decir *quien dá mas* en materia de gobierno y libertad, os rompísteis la cabeza y guerreásteis tan solo por si os habíais de unir con un rey castellano casado con portuguesa, ó bien bajo un portugues casado con castellana! Y todo esto le ocurrirá, porque despues de que con la alianza de los ingleses vencieron en Aljubarrota los portugueses en 1385 á nuestro Juan I, que por su muger doña Beatriz reclamaba á Portugal; cuando Alonso V desposado con la Beltraneja pretendia por esta y con la alianza de los franceses la corona de Castilla, fue en *Senlis*, en donde sus embajadores hicieron en setiembre de 1475 aquel tratado, en virtud del cual Luis XI de Francia para auxiliarle, y distraer la atencion de los reyes católicos, *comenzó á facer guerra por las partes de Bayona é Laborte á la tierra de Guipúzcoa* (1). . . . .

(1) Hernando del Pulgár en la crónica de los reyes católicos; parte 2.ª cap. 20. edicion de Valencia de 1780.

Llegado ya á *Senlis*, se detendrá á examinar, si antes no lo hubiese visto, el modo con que allí preparan la fécula de patatas, que es un buen alimento para enfermos y niños, y el café achicoriado ó la achicoria café; siendo eso lo único que, con algunos reducidos lavaderos de lana, y tal cual fabriquilla, inclusa la de algunos instrumentos de agricultura, llamará tal vez su atencion.

Ni es menor tambien la escasez de noticias ó recuerdos militares con que se encontrará en medio de Senlis; porque á menos de no detenerse á contar que de allí salió Enrique IV con mil y quinientos caballos á perseguir al duque de Parma, despues que, avituallado Paris, y puesta en él la guarnicion española, emprendió la vuelta á los Paises-bajos; nada hallará tal vez que nos toque. Por lo tanto, contando por una parte con que en las once leguas que quedan desde *Senlis* á Paris, nada hay que merezca atencion especial, y que por otra, mientras residió nuestro viajante en aquella capital, empleó por lo menos los dias de fiesta en reconocer sus inmediaciones, las dejaremos por allí á un lado, y le supondremos trasladado á *Meaux* bien desde *Compiegne*, ó bien desde *Senlis*.

En aquella ciudad episcopal dirá, que

volvió en 1590 á reunir el duque de Parma su ejército, al ir á descercar y llevar que comer á los parisienses, tan capitaneados entonces por frailes, y tan emperrados en la liga católica, como hoy lo estarian contra uno y otro. Y como no es su objeto manifestar ni averiguar las resultas, que pudo tener en Europa, el establecimiento entonces de una dinastía protestante en Francia; no se detendrá á examinar, si fue grande ó no la empresa, que puso á Enrique IV en la alternativa de, ó declararse católico ó no reinar. Tampoco discutirá si, segun la política del tiempo, obró bien ó mal Felipe II trabajando, porque en Francia se aboliese la ley sálica, y subiese al trono su hija doña Isabel á quien en tal caso competia; ó que si eso no se lograba, se le adjudicase la Bretaña, y se la separase de la Francia, á la que por hembra, siendo un ducado independiente, se habia reunido en el siglo anterior, y por consecuencia no debia reconocer aquella ley (1).

---

(1) Para probar que estas pretensiones no eran tan arbitrarias como parece, baste saber que en la paz contratada en *Vervins* en 1598, se reservaron á Felipe II, á su hija doña Isabel, y á sus sucesores todos los derechos y pretensiones que creian tener á algunas provincias de Francia.

Dejará pues á otros la investigacion de ese y otros puntos y el deducir de ellos las consecuencias que les pareciere: y pasando á que en *Meaux*, bien sea por conocer el viajero los escritos de Bossuet, y querer saludarle en su sepulcro, ó bien por pura curiosidad, irá á visitar la catedral, no deberá olvidarse de que en ella juró solemnemente el duque de Parma "que su entrada no era »para apoderarse ni en todo ni en parte de »la Francia en nombre de su rey y señor, »sino por socorrer la causa católica y librar »de herejes á los amigos de su magestad." Seguirá luego con que en aquellos dias murió en la misma ciudad, de resultas de un convite y con sospechas de veneno, el aragonés Juan Moreo, capitan de caballos y caballero ó comendador de san Juan (1). Como que el tal Moreo fue, segun dicen, uno de los mayores promotores é instigadores de la *liga*, y un gran comprador de voluntades francesas para Felipe II, habiéndosele hallado en su cofre, segun Coloma, hasta cincuenta mil ducados, se puede creer que en

(1) Este *Morro* si segun el continuador de Strada era hijo de padre francés y de madre aragonesa, y nacido en Aragon, es muy probable que su apellido fuese *Moreau*. Por lo menos el mismo continuador le llama alguna vez Moró, y Mora, y otros escritores Moreo, como queda dicho.

efecto ganó muchas con ese bálsamo, cuya virtud desenvolvió *le Catholicon d' Espagne*. sátira contemporánea.

De *Meaux* y siguiendo á Parma y su ejército, se encaminará el viajante á *Lagni* tambien sobre el rio Marne. En su narracion dirá, que tan luego como Enrique IV supo aquel movimiento, levantó el sitio de París y se fue con su gente á encontrar á Parma, resuelto á forzarle á una batalla y á terminar de un golpe la guerra: pero que habiéndosela presentado en el tránsito, y segun un escritor en el llano de *Bondi*; cuando mas embaucado estaba Enrique en que Alejandro la admitia y ya le contemplaba vencido, maniobró aquel habil general de tal suerte, que la batalla, dice el italiano y soldado Dávila, se convirtió en vanguardia y la retaguardia en batalla, y de repente embistió á *Lagni* (1). Tan admirable y sorprendente para todos, contará nuestro viajante que fue aquella maniobra, que Parma segun algunos escritores, hubiera tomado en seguida la plaza, si el rio fuera vadeable, ó el gobernador no se hubiese apresurado á des-

(1) Historia de las guerras civiles de Francia, de Enrico Catarino Dávila, traducida del italiano por el P. Basilio Varén de Soto lib. 11.

mantelar el puente y obstruirle: que por lo tanto fue necesario que la sitiara regularmente, en cuyo tiempo no cesó Enrique de provocarle á una batalla; pero que por mas que hizo, proponiéndosela hasta por un trompeta, Alejandro ni se picó, ni le respondió otra cosa sino que no *acostumbraba darlas á gusto de sus enemigos*. Todavia para evitar compromisos, prohibió con pena de la vida, que sus soldados salieran de sus líneas, por mas que los enemigos lo desafiasen; de modo que á tanta prudencia, seguirá nuestro narrador, sucedió el éxito debido; pues que cogidos unos barcos con que echar un puente sobre el *Marne*, le pasaron los españoles é italianos, y á pesar de haber metido Enrique un socorro de *infantería montada en rocines*, á que llamaban *dragones*, le asaltaron y tomaron la plaza, muriendo en el asalto el capitan Gilberto Perez Machon, aragonés muy valiente, y otros varios oficiales.

De *Lagni* y siempre con Parma y su ejército en la idea, seguirá el viajante á *Corbeil*, lugar ya sobre el rio *Seine*, fuerte y bien presidiado entonces. Sitiado en el mismo año que *Lagni*, y á pocos dias despues, principiará el viajante la historia de su sitio con la aventura del sargento Nieto. Dirá que, habiendo ido á reconocer el rio á nado, para saber en donde convendria echar los puentes que estrechasen á los sitiados, un italiano que le acompañaba, le acusó de que por la frialdad del agua, no habia querido pasar adelante y se habia entregado á los enemigos, siendo asi que habiéndole sentido estos, y herídole de cuatro arcabuzazos, le habian cogido en ese estado, y en él le encontraron sus camaradas al apoderarse de la plaza.

Esta circunstancia aunque leve y tan lejana de nosotros, no la dejará pasar nuestro patriota sin esclamar á su vez, como don Carlos Coloma, que es *fatal desdicha de la nacion española cargarla todas las demas las culpas que no tiene.* Luego contará que, reconocidas las brechas por seis alféreces valientes, tres de los cuales rodaron por ellas hasta el foso y murieron sin que se sepa su nombre, quedando vivos Francisco Miron valenciano, Alonso Mercado andaluz, y Cristobal Vazquez, se trató de dar el asalto: que en él quiso alguna infantería walona ser la primera, y que al intento salió de su puesto á la deshilada, y resuelta á cerrar en desorden con la brecha que tenia al frente: pero que llevándolo á mal el maestre de campo don Alonso de Idiaquez á quien tocaba asaltar con su tercio, envió á impedírselo al sargento Castillo á quien rompieron un brazo de un arcabuzazo. En vista de lo cual, continuará, que para que los walones no se le antepusieran, arremetió don Alonso con tal intrepidéz, que no obstante la bizarría de los sitiados, pasó adelante con sus españoles, y matando á cuantos enemigos encontró en la plaza, cayó sobre los que en la otra brecha resistian con igual valentia á don Antonio de Zúñiga, y facilitándole la entrada, quedaron ambos maestres de campo dueños de *Corbeil* y pasados á cuchillo mas de mil soldados franceses.

En la relacion de tan memorable empresa, elogiará nuestro viajante con placer á los capitanes Iñigo Carrillo, don Diego de Medina Carranza, y Simon Antunez, á los alféreces Rivera y Juan Lopez de Teruel, al sargento Pedraza, á don Alejandro de Cartellá Baron de Folgons, don José Ponce de Monclar, y don Gaspar de Lupian, que se señalaron con los demas picas. En seguida de eso dirá que, no quedando ya nada que hacer al duque de Parma; en tanto que reparaban las brechas y descansaban los soldados, se fue á París, cuyo pueblo, aunque entró disimulado, le recibió con la mayor pompa y agradecimiento, por haberle libertado de su rey Enrique IV, y provístole abundantemente de víveres. Allí, añadirá, que puso una guarnicion de cuatro mil soldados, inclusas las dos compañías de los capitanes Diego de Rojas y Esteban de Legorreta; y nuestro viajante que salió de París con el recuerdo de este mismo capitan, dará fin á su viaje entrando con él y con Parma por el mismo puente de Charenton por donde ellos entraron, y si no tan triunfante ni con tanto ruido, por lo menos puesta la mano sobre su corazon y diciendo ahincadamente con un moderno hombre de bien

No españa, patria mia,
No son eternas, nó, las torpes huellas,
Que de tu noble frente,
Empañan el honor: tú en otros dias
Con victorioso patriotismo bellos,
De gloria ornada y esplendor te vias:
¡Ah! ¿porqué yo infeliz no nací en ellos? (1)

(1) Quintana. Oda á Guzman el bueno.

INDICE.

Párrafos.		Páginas.
I.	*París.*	1.
II.	*Amiens.*	3.
III.	*Doulens.*	6.
IV.	*Saint-Pol y Ardres.*	8.
V.	*Calais.*	9.
VI.	*Dunkerke.*	12.
VII.	*Nieuport, las Dunas y Ostende.*	15.
VIII.	*Bruges.*	18.
IX.	*Gand.*	25.
X.	*Walteren, Tenermonde, ó Dendermonde, Ruppelmonde, Lokeren, Saint-Nicolas, Beveren, y Tete de Flandre.*	33.
XI.	*Amberes, Fuertes de Lillo y Lienfkeschoeck y orillas del Escalda.*	35.
XII.	*Berg-op-Zoom y Tholen.*	39.
XIII.	*Islas de Zelanda, paso á Tergoes y Zirikcée.*	41.
XIV.	*Isla de Walcheren, Middelbourg y Flesingue.*	46.
XV.	*Gertruindemberg Steembergen y Breda.*	51.
XVI.	*Amberes.*	54.

XVII.	*Malines.*	60.
XVIII.	*Bruxelles ó Bruselas.*	64.
XIX.	*Lovayna ó Louvain.* . . .	77.
XX.	*Tirlemont.*	90.
XXI.	*Saint-Trond, Lew y Tongres.*	95.
XXII.	*Maestricht.*	100.
XXIII.	*Aix-la chapelle.*	107.
XXIV.	*Vieille-Montagne, Limbourg y Verviers.*	111.
XXV.	*Spá.*	114.
XXVI.	*Liege ó Lieja.*	116.
XXVII.	*Seraing, Huy y Andennes.*	121.
XXVIII.	*Namur.*	127.
XXIX.	*Fleurus, Charleroi, Binch y Mons.*	132.
XXX.	*Valenciennes, Bouchain y Cambray.*	138.
XXXI.	*Saint-Quentin ó san Quintin.*	145.
XXXII.	*Ham, Noyon y Compiegne.*	154.
XXXIII.	*Senlis, Meaux, Lagni, Corbeil y Paris.*	161.

Lightning Source UK Ltd.
Milton Keynes UK
UKHW030932200721
387465UK00010B/1725